비전 지향

14단계로 살펴보는 모두를 위한 비거니즘 안내서

미지수 지음

지속 가능한 삶, 비건 지향

팜파스

아, 저는 비건이라 안 먹어요. 괜찮습니다.

"비건? 그게 뭐야? 채식?"
"왜, 동물이 불쌍해서?"
"그럼 계란은 먹어? 생선은?"
"알레르기 있나 보네."
"그래도 고기는 먹어야지."

태어날 때부터 비건인 사람이 과연 몇이나 될까? 나도 인생의 대부분을 뭐든지 다 먹으며 '비건'이 뭔지도 모르고 살았다. 고기도 유제품도 '없어서 못 먹던' 내가 비건이 되었다.

> 비건(Vegan)과 비거니즘(Veganism)
> '완전 채식', '엄격한 채식주의자'. 동물에게서 나온 고기, 알, 젖과 그 가공품을 먹지 않으며 가죽, 털, 깃털, 울 등이 사용된 옷을 입지 않고, 동물성 재료와 성분이 들어간 물건을 소비하지 않고, 동물들을 가두어 놓고 소비하는 동물원, 수족관, 동물 쇼나 동물 카페에 가지 않고, 동물실험을 한 화장품이나 세제 등을 불매한다.

이 같은 설명 뒤에는 채식의 종류 혹은 단계가 따라 붙는다. 고기는 안 먹지만 유제품은 먹거나(Lacto Vegetarian, 락토 베지테리언), 달걀은 먹거나(Lacto-Ovo, 락토 오보), 어류는 먹거나(Pescetarian, 페스카테리안/페스코), 대부분의 경우 채식을 하지만 가끔은 고기도 먹는 사람을 지칭하는 플렉시테리언(Flexitarian)이라는 단어도 있다. 이렇게 알려진 '채식의 종류'가 비건이라는 단어와 섞여 종종 오해와 실수가 발생한다. 어떤 것을 어느 정도까지 허용하는 채식은 완전 채식으로 가는 단계에서 겪을 수 있는 부담을 줄여주는 중간 과정이 될 수 있다. 이런 중간 과정에서 잠시 혹은 오래 머무는 경우도 있지만 결국엔 모두 각자의 취향과 편의에 따른 '선택적 채식'일 뿐이다.

'비건'이라는 말은 사람을 지칭하거나 음식이나 물건에 붙곤 한다. 어떤 사람이 자신을 비건이라고 말한다면 그 사람은 동물에게서 착취한 어떤 것도 먹고, 입고, 소비하지 않는다는 뜻이다.

어떤 식품이 비건이라면 그것은 식물성 재료만으로 된 음식을 말하는데, 과일과 채소, 곡물, 씨앗, 견과류 등 가공되지 않은 자연 상태 그대로의 식재료와 동물의 살, 알, 젖 등의 부산물이 들어가지 않고 식물성 재료만을 이용해서 만든 가공식품이 있다.

얼핏 비슷해 보이지만 비건과 자연 식물식(Whole-Foods Plant-

Based Diet)은 같은 말이 아니다. 자연 식물식은 가공식품이나 기름, 소금, 설탕, 정제된 곡물의 섭취를 피하거나 최소한으로 하며 자연 상태에 가까운 채소, 과일, 통곡물을 최대한 있는 그대로 먹는 식습관으로 체중을 조절하거나 병을 고치는 치료법으로 사용되기도 하는 건강식이다.

물론 자연식물식을 하는 비건도 있지만 버거, 튀김음식, 만두나 채식라면 등 인스턴트나 정크푸드를 즐겨먹거나(Junk Vegan, 정크 비건), 식물의 열매만을 먹는 과일식(Fruitarian, 프루테리언), 익히지 않은 채소나 과일을 주로 먹는 생채식(Law Vegan, 로 비건)을 하는 비건도 있고, 실제로 가능한지는 모르겠지만 약간의 물만 마시고 숨만 쉬고 산다는 브레테리언(Breatharian)도 있다고 한다.

물건의 경우에는 동물의 가죽, 털, 깃털부터 부산물 등 동물을 착취해 빼앗은 재료가 들어가지 않고 식물성 재료나 화학물질 등으로만 만들어진 제품을 비건이라고 한다. 동물실험을 하지 않았다면 토끼 로고와 함께 크루얼티 프리(Cruelty-free)라는 말이 붙는다. 비건이라는 말에 크루얼티 프리가 포함되어야 한다고 생각하지만 두 가지를 동시에 만족하지 않는 경우도 꽤 있다.

나는 대부분의 사람을 비건이거나, 아직 비건이 아닌 것이라고 생각한다. 우리는 아무 죄도 없는 순진한 눈망울의 동물들이 이유 없이 학대당하고 고통받으며 죽는 것을 좋아하지 않는다. 대부분의 사람은 도살장에서 동물들이 폭력에 시달리고 살해당하는 영상을 보는 것조차 고통스러워하며 피하고 싶어 한다.

어렸을 때부터 나는 '개를 먹는 행위'를 끔찍하다고 생각했다. 어떻게 강아지를 먹을 수 있느냐고 울고불고하며 개는 절대로 먹지 않을 거라고 했다. 하지만 돼지나 닭, 소는 먹었다. 어른들은 "그 동물들은 우리가 먹으려고 키우는 것이기 때문에 괜찮다"고 했고, 주변 사람들도 다 먹었다. 맛있는 것이고, 그걸 먹어야 키가 크고 튼튼해진다고 했다. 건강을 위한 단백질과 칼슘 섭취를 위해서 챙겨 먹어야 된다고 했다. 그 말들에 아무런 생각도, 의심도 하지 않았다. 그냥 먹었다. 항상 그래왔으니까.

'그냥', '항상'에 대해 질문하고, 생각하고, 또 질문하면서 당연히 알아가야 하지만 그동안 모르고 있었던 수많은 것에 대해서 점점 알게 되었다. 그래서 비건이 되었다. 이제 사람들은 나에게 왜 고기를 안 먹느냐고, 왜 비건이 되었느냐고 물어본다. 그에 대한 나의 대답은 그때그때 사람이나 상황에 맞추어 달라진다. 내가 비건이라는 걸 알게 된 사람들은 채식을 권유하지도 않았는데 이런 말을 한다.

"대단하다. 나는 완벽하게 할 수 없을 것 같아."

왜 완벽해야 한다고 생각하는 걸까? 우리가 언제 한 번이라도 완벽했던 적이 있었나? 완벽이란 뭘까? 완벽하지 못하기 때문에 무언가에 도전하고 시도하고 연습하는 것을 시작하기도 전에 포기한다면 우리는 도대체 무엇을 도전하고, 시작하고, 배울 수 있을까? 비건이라는 단어에 따라다니는 '엄격한, 극단적'이라는 말들이 문제인 것 같다. 우리가 지금 살고 있는 육식주의 세상에서 '완벽한 비건'이란 존재하지도, 존재할 수도 없다.

인간은 혼자서는 살 수 없는 사회적 동물이다. 아무리 피하려고 애를 써보아도 우리는 생태계를 파괴하고 콘크리트와 아스팔트로 뒤덮인 도시에서 인간과 동물을 착취해서 만든 물건들을 사용하며 살아간다. 동물성 재료가 어디에 어떻게 숨어 있을지 일일이 다 알 수도 없다. 내가 사먹는 과일에 공장식 축산 동물의 분뇨를 비료로 사용했는지, 내가 사는 물건이 어느 나라 아동들의 노동력을 착취해서 만든 것은 아닌지 정확하게 알기란 결코 쉬운 일이 아니다. 적어도 내가 알고 피할 수 있는 것을 피하기 위해 최대한 노력할 수 있을 뿐이다. 그러나 내가 동물을 먹고, 입고, 쓰는 선택을 한다면 동물이 착취를 당하고 죽는 것은 너무나 분명하다. 누군가는 이미 죽은 동물이니까 안 먹으면 쓰레기가 된다고 하지만 지금 내가 안 먹고, 더 많은 사람이 한 번이라도 덜 먹는 선택을 한다면 훨씬 많은 동물이 살 수 있다.

　결코 완벽할 수 없기 때문에 어떤 이들은 자신을 '비건 지향'이라고 말하기도 한다. 하지만 동물들이 우리와 똑같이 감정과 감각을 느끼는 존재라는 것을 이해하고 존중하며, 그들에게 가해지는 지나친 고통을 주는 착취와 이용을 반대하고, 내 눈앞에 주어진 상황에서, 지금 내가 할 수 있는 범위 내에서 최선을 다한다면 그는 비건이라고 생각한다. '완벽'이라는 강박관념을 버리고, 소비의 순간마다 한 번 더 확인하고 고민해 최선의 선택을 하면 되는 것이다. 만약 내가 지금 당장 고기를 완전히 끊을 수는 없을 것 같다는 생각이 든다면 고기를 먹는 횟수를 한 번이라도 더 줄이는 것부터 시작하면 된다. 정확히 알고, 계속 공부하고, 성찰하며 점점 실천의 영역을 늘려가다 보면 금세 새로운 생활에 익숙해져 있는 나를 발견하게 될 것이다.

CONTENTS

1
단계

마음의 준비하기

○ 별다른 생각 없이 먹었던 '고기'에 대해 생각해보기

고기란 무엇일까? 나는 왜 고기를 먹을까? 내가 먹는 동물들은 어떤 환경에서 어떻게 길러질까? 왜 어떤 동물은 먹고 어떤 동물은 먹지 않을까? 고기를 아예 먹지 않는다면 어떻게 될까?

○ 소비를 할 때마다 성분표를 읽고 재료 확인해보기

성분표가 붙어 있지 않은 신선한 채소, 과일, 곡물을 사는 것이 가장 좋지만 가공식품을 구매하는 경우에는 성분표를 살펴본다. 비건은 항상 성분표를 확인하느라 귀찮을 것 같다고 생각한 적이 있었다. 하지만 처음에 한두 번만 확인하면 비건인 제품들이 무엇인지 알게 되고, 그다음부터는 처음 본 것만 확인하면 된다. 성분을 확인하다 보면 동물성 재료들이 곳곳에 들어 있는 것을 보고 놀라게 된다. 소고기 가루, 전지분유 등이 생뚱맞게 들어가 있는 경우가 아주 많다. 그리고 젤라틴이나 비타민 D3처럼 비건인지 아닌지 바로 알아채기가 어려운 재료들도 있다. 비건과 비건이 아닌 성분은 비건편의점 위키(ko.veganism.wikidok.net/Wiki)에서 확인할 수 있고, 목록에 없거나 헷갈리는 성분은 인터넷 검색을 통해 비건인지 찾아볼 수 있다.

○ **비건 지향 시도에 방해가 될 수 있는 요소와 스트레스 감소를 위한 변명거리 생각해보기**

직장생활을 하거나 가족들과 함께 산다면 혼자 실천하는 것보다 어려울 수도 있다. 회사에서 직원들과 같이 회사카드로 밥을 먹거나 급식을 먹는 경우 주어진 상황에서 실천할 수 있는 것이 뭐가 있을지 생각해본다. 가족과 함께 사는 경우, 이야기를 하고 도움을 청할 것인지, 말없이 혼자 할 것인지도 고민해본다. 지인들이 열린 마음으로 도와주면 좋겠지만 채식을 같이 하자고 한 것도 아닌데, 대답을 들을 생각이 전혀 없는 질문을 하거나 불편하게 하는 사람들을 마주칠 수도 있다. 그럴 때는 '동물성 단백질 알레르기가 있다' '한약을 먹는다' '건강상의 이유로 동물성 식품을 끊어야 한다' '병원에서 의사가 채식을 하라고 했다' 등의 불편한 상황을 피할 변명거리를 하나쯤 준비해놓아도 괜찮다.

건강에 대한 염려

영양소, 정말 충분히 얻을 수 있을까?

◆◆◆

나는 영양소에 대해서라면 어렸을 때 학교에서 배운 만큼, 딱 남들 다 아는 만큼만 알고 있었다. '단백질은 고기, 칼슘은 우유와 멸치, 비타민 C는 과일, 오메가3는 생선.' 하지만 밥을 먹을 때마다 그런 것을 꼼꼼하게 챙긴다거나 신경을 쓰며 크게 걱정해본 적은 없었다. 그냥 여러 가지를 골고루 먹었고, 그때그때 먹고 싶은 것을 먹었다. 학교를 졸업한 후에도 따로 영양학을 배운 적도 없고, 자세히 알아봐야겠다는 생각을 하지도 않았다.

'동물을 먹는 것을 전부 멈춰야겠다'라는 결심을 하는 날이 나에게 올 거라고 생각해본 적은 없었다. 처음으로 집에서 나와 혼자 살 때, 단백질을 챙겨먹어야 한다는 '의무감'으로 집어온 물컹한 생고기를 꺼내 내 손으로 손질하며 그 촉감과 냄새에 인상을 찌푸리면서, 칼로 그것을 자르면서 실수로 내 손을 잘라도 모르겠다는 생각에 소름 끼쳐 하면서, 다른 재료에 비해 비싼 가격 때문에 장바구니에 넣기를 망설이면서도 내린 결론은 '집에서 직접 해먹지 말고, 밖에서 사먹기'나 '고기 대신 달걀이나 유제품을 먹기'였다. 영국에 있을 때 내 도시락을 본 코워커가 "너 채식주의자니?"라고 물었을 때도, 같이 살던 하우스메이트 카리가 "나 새해부터 고기를 먹지 않기로 했어"라고 했을 때에도 내 대답은 "나는 채식주의자는 못 될 거야"였다.

실수로 들어간 허리크리슈나 템플에서 도망쳐 나오던 내 손에 어떤 분이 쥐어준 채식 요리책인 줄로만 알았던 작은 책은 몇 개월이나 내방 탁자 위에 놓여 있었다. 채식을 하겠다는 카리에게 그 책을 주려고 부엌으로 가지고 내려갔다. 카리도 나에게 추천해주고 싶다며 어떤 책을 꺼냈는데 우리는 같은 책을 들고 있었다. 그제야 그 책을 읽어보았다. 혼란스러웠다. 건강을 위해서 '열심히 챙겨먹은' 고기가 건강에도 해로울 뿐만 아니라

환경까지 오염시키고 파괴하고 있었다니…. 어떻게 이제까지 이런 사실을 제대로 알지 못했을까?

어릴 때부터 너무나 당연하게 동물이 들어간 음식을 먹으며 자랐다. 주변 어른들에게서 들었던 "골고루 잘 먹어야지 건강하지", "고기 먹고 몸보신해야지"라는 말들에 오랫동안 익숙해져 있었다. 처음으로 육식을 제외한 자연식물식이 건강에 좋다는 사실과 이미 수십 년 전부터 그 사실을 증명하고 있는 전 세계의 여러 전문가와 일반인이 있는 것을 알게 되었지만 이를 단번에 받아들이기는 생각보다 쉽지 않았다. '임신부와 성장기 어린이는 그래도 고기를 먹어야 하지 않을까' 하는 생각도 들었다.

> "잘 짜인 채식 식단은 임신, 수유, 유아기, 유년기, 청소년기를 포함한 전 생애의 모든 단계와 운동선수에게 적합하다."
> 미국영양협회(The American Academy of Nutrition and Dietetic)

과일과 채소를 먹는 것이 건강에 좋다는 사실을 우리는 잘 알고 있다. 고기를 먹을 때에도 쌈을 싸서 채소와 같이 먹으라고 하고, 편식을 하는 아이들에게 채소를 먹이기 위해 잘게 잘라서 안 보이게 하거나 여러 가지 예쁜 모양으로 자르는 노력을 한다. 어른들이 강조하는 "골고루 다 잘 먹어야 한다"는 말은 사실

채소를 더 먹게 하기 위해서 하는 말이 아니었을까?

건강을 위협하는 진짜 요인

◆◆◆

어떤 이야기를 여러 사람이 믿으면 그것은 사실이 되고, 그것이 오랜 기간 지속되면 진실로 여겨진다. 건강하기 위해서 '동물을 먹는 것'이 꼭 필요하다고 믿었기 때문에 동물을 먹지 않으면 건강이 나빠질까 불안했다. 누군가 동물을 먹지 않는다고 말하면 주위의 동물을 먹는 사람들은 그의 건강과 영양소 섭취를 걱정하기 시작한다. 나 자신을 설득하기 위해서, 그리고 주변 사람들의 걱정을 덜어주기 위해서 공부를 시작했다. 덕분에 비건이 되고 나시 오히려 전보다 영양과 건강에 대해 제대로 알게 되었고, 이제는 육식하는 사람들의 건강을 걱정하게 되었다.

건강에 좋다고 믿으며 지금까지 먹어온 무언가가 사실은 병을 키우고 있다는 사실을 알게 되면 어떤 기분이 들까? 나는 화가 났다. 뒤통수를 세게 맞은 느낌이 들었다. 왜 진작 의심해보지 않았을까 한탄했다. 그리고 아직도 모르고 있는 모든 사람에게 빨리 알려주고 싶었다.

우리가 '고기'로 먹는 동물들은 대부분 식물만 먹는다. 식물만 먹어도 단백질은 충분히 섭취가 가능하다. 동물성 단백질은 건강에 '해롭다'는 말로는 충분하지 않다. 고기나 달걀, 우유를 먹어 동물성 단백질이 우리 몸에 들어오면 혈액을 산성화시킨다. 이렇게 되면 체내에서는 뼛속의 칼슘을 꺼내 혈액을 중화시키고 그 결과 골다공증의 위험이 높아진다. 동물성 단백질의 콜레스테롤이 혈관을 막아 고혈압과 심장혈관질환을 일으킨다는 사실은 이미 많이 알려져있다.

『무엇을 먹을 것인가』의 저자 콜린 캠벨은 수십 년에 걸친 그의 연구 [차이나 스터디The China Study]로 과도한 동물성 단백질의 섭취와 각종 암과 성인병의 발병률의 관계를 밝혀냈다. 사람에게 간암을 유발하는 아플라톡신을 주사한 쥐에 각각 5%와 20%의 우유의 카제인 단백질을 먹이는 실험을 한 결과 20%의 단백질을 먹은 쥐들은 전부 간암에 걸렸지만 5%의 단백질을 먹은 쥐들은 단 한 마리도 간암에 걸리지 않는 결과를 보였다. 또한 인간의 혈중 콜레스테롤 수치가 170mg/dL에서 90mg/dL로 내려가면 간암, 직장암, 폐암, 유방암, 백혈병, 뇌암, 위암, 식도암(인후암)의 발병률이 눈에 띄게 낮아졌다. 국내외의 점점 더 많은 전문가들은 동물을 먹는 것이 각종 질병을 유발하므로 건강을 위해서는 채식위주의 식단이 필수라고 말한다.

문제는 이게 전부가 아니라는 것이다. 시중의 동물성 식품으로 팔리는 동물의 약 99%는 햇빛 한 줄기, 바람 한 점 들지 않는 공간에 최대한 많이 꾸역꾸역 밀어 넣어져 유전자 조작 작물 사료를 먹으며 빨리 살을 찌워지고, 목숨을 유지하기 위해 호르몬제, 항생제 같은 각종 의약품을 맞으며 공장식 축산에서 사육되는 동물들이다. 이런 환경에서의 동물들은 면역력이 약해지고 전염병이 쉽게 퍼진다. 자유롭게 움직일 수 없어 스트레스를 받고 욕창과 피부질환을 앓는다. 죽은 동물들의 시체와 배설물이 나뒹구는 이곳에 들끓는 벌레를 죽이기 위해 살충제가 사용된다. 이렇게 사육된 동물을 먹는 누군가가 그 동물이 겪은 모든 고통에서 과연 자유로울 수 있을까?

만약 고기를 먹는 것이 정말 몸에 좋다면 그 어느 때보다 고기를 많이 먹고 있는 현대인은 왜 과거에는 듣도 보도 못한 셀 수없이 많은 질병에 시달리고 죽어가고 있을까? 또 우유를 마시는 것이 우리 몸의 칼슘을 보충해준다면 왜 오래전부터 유제품을 매일같이 먹는 서양인들은 우유 소비량의 증가함에 따라 골다공증환자의 수도 증가할까? 고기에는 단백질이 있고, 우유에는 칼슘이 들어 있지만 그것들은 먹는다고 좋은 것이 아니었다.

이건 마치 옛날옛적에 눈이 좋아지고 싶거나 정력이 좋아지고 싶으면 다른 동물의 눈알을 먹거나 성기를 먹으면 된다는 미신과 같다. 지금은 훌륭한 농업기술, 발달한 과학기술과 전문지식이 넘쳐나는 21세기이다.

기대하지 않았던 결과

♦♦♦

비거니즘을 알기 전부터 무의식적으로 고기를 줄이고 채소와 과일을 많이 먹었더니 스트레스였던 피부 트러블이 점점 사라졌다. 이젠 월경 시기에도 얼굴에 뾰루지가 나는 일이 거의 없다. 화가 줄었다. 대학에 입학하고 한참 육식 위주의 외식과 가공식품을 많이 먹은 탓에 급성 위염과 장염으로 고생하던 때가 있었다. 하지만 이제 마지막으로 소화가 되지 않아 속이 더 부룩한 불편함을 느낀 것이 언제였는지 기억도 나지 않는다. 몸이 가벼워졌다. 단백질 걱정을 비웃기라도 하듯 손발톱은 더 건강해졌고, 머리카락은 오히려 숱이 많아졌다. 오랜만에 받은 건강검진 결과에는 저단백 식사를 하라고 쓰여 있었다. 『현미밥 채식』의 황성수 박사에 따르면 삼시 세끼 현미밥만 잘 챙겨먹어도 하루 권장 단백질양은 쉽게 채워진다고 한다.

"그래도 힘쓰려면 고기를 먹어야지", "채식하면 배고프잖아." 지금과 같은 농기계가 나오기 전, 농사를 지을 때 정말 말 그대로 힘을 가장 많이 쓰던 소는 풀만 먹는다. 호리호리한 육식동물들과는 달리 정말 크고 무거운 근육질의 힘센 동물들은 모두 초식동물이다. 세상에서 가장 덩치가 큰 육지동물인 코끼리도 풀만 먹는다. 세계기록을 가지고 있는 수많은 운동선수들 역시 자연식물식을 한다. 다큐멘터리 〈더 게임 체인저스〉에는 현재 세계에서 가장 힘센 사람 기록 보유자, 미국 사이클링 8회 챔피언, 보디빌더, 역도 선수, 헤비급 복싱선수, 울트라 마라톤 선수, 달리기에서 2회 우승한 호주 선수 등 비건 선수들이 등장한다. 이들은 채식을 하고 몸의 회복이 전보다 빨라졌고, 이전의 세계기록은 물론 본인이 세워놓은 세계기록도 계속해서 다시 깨고 있는 중이라고 말한다.

한국인들 사이에서 '힘' 이야기를 하면 빼놓을 수 없는 것이 있다. 바로 밥심이다. 우리는 뭘 먹어도 밥이 없으면 식사를 제대로 한 것 같지 않다고 생각한다. 특히 어른들은 빵이나 피자 조각이 무슨 끼니가 되느냐며 밥을 따로 먹어야 한다고 한다. 힘을 내려면 고기가 아니라 탄수화물을 먹어야 한다. 왠지 기분이 별로인 때에도 탄수화물을 먹으면 금세 괜찮아진다. 고기를 먹으면 소화가 잘 안 되는데, 이는 속이 더부룩한 것으로 포만감과 헷갈릴 수 있다. 힘이 나고 싶고, 포만감을 원한다면 영양가가 파괴되지 않은 자연에 가까운 음식을 충분히 먹고 싶은 만큼 먹으면 된다. 채식을 처음 시작할 때에는 전에 비해 소화가 너무 잘돼서 자주 배고픔을 느끼기도 했다. 배가 차지 않으면 먹는 양을 늘리고 간식도 챙겨먹는다.

한 번은 줍단식을 해보려고 알아보던 중 명현현상이라고 몸이 독소를 제거하는 과정에서 어지럼증이나 피부염증 등 여러 가지 이상 현상이 나타날 수 있다는 사실을 알게 되었다. 육식과 가공식품을 많이 먹다가 갑자기 자연식물식으로 바꿀 때에도 명현현상이 나타날 수 있다. 너무 극단적으로 생활습관을 바꾸다가 나타난 명현현상을 보고 채식을 해서 탈이 났다거나 채식은 나에게 맞지 않는다는 생각이 들어 고민이라면 전문가를 찾고, 식단을 조금씩 천천히 바꿔보거나 인내심을 가지고 견뎌보면 곧 좋아지는 것을 느낄 수 있을 것이다.

마음의 준비가 되지 않아 하루아침에 식습관을 전부 바꿀 수 없을 것 같다면 '고기 없는 날'을 정하는 것으로 시작해 점점 늘려가는 방법도 있다. 또 직장에서의 실천이 스트레스가 된다면 친구를 만나거나 집에서 먹을 때만이라도 최대한 비건으로 먹기를 실천해볼 수 있다. 사람마다 상황도 사정도 형편도 생각도 마음도 각각 다르다. 아무리 옳은 행동이나 좋은 일도 내가 먼저 건강하고 행복하고 생활과 마음에 여유가 있어야 생각도 실천도 지속도 할 수 있다.

2
단계

내 주변 비건 정보 모으기

○ **우리 동네에 채식이 가능한 곳이나 비건 식당 찾아보기**

　비건편의점 WiKi(ko.veganism.wikidok.net)의 비거니즘 지형
도 구글맵을 찾아보면 어느 동네에 어떤 식당이 채식을 제공하
는지, 비건식당이나 빵집이 있는지 알 수 있다. 채식한끼와 해
피카우(Happy Cow)와 같은 스마트폰 애플리케이션을 이용하면
내 주변의 음식점과 채식으로 먹을 수 있는 메뉴를 확인할 수
있으며 피드와 리뷰로 다른 사람들이 먹은 음식이나 식당 후기,
그 외 소식을 공유할 수도 있다. 주로 영어사용자들이 이용하는
해피카우는 해외에서 더 유용하고, 다양한 검색옵션 조절이 편
리하다.

○ **SNS에 육식 전시 대신에 #채식 #비건 음식, 식당, 제품 올려보기**

　육식을 한 번에 멈추기가 어렵다고 해도 육식을 온라인에 전
시하지 않는 것은 상대적으로 쉽다. 육식을 SNS에 전시할 경우
내 의도가 아니었어도, 그로 인해 다른 사람들에게 계획에 없던
육식을 부추기게 될 수도 있다.

　이제부터라도 육식 전시는 멈추고 대신 채식생활을 공유할
수 있다. 채식은 알록달록 색깔도 예쁘고 맛도 좋다. 채식 버거
나 콩까스, 마라탕 등 보통 사람들이 채식이라고 생각하지 않을

법한 음식에 #채식 #비건의 해쉬태그를 달아 올리면 편견과 고 정관념의 벽도 낮출 수 있다.

○ **주변에 비건 지향인이 있다면 궁금한 것 물어보고 조언받기**

가까운 사람들 중에 비건을 지향하는 사람이 있다면 연락해 본다. 비거니즘에 관심이 생겨서 실천해보고 싶다고 말하면 그 는 아주 기쁘게 그동안의 경험과 정보를 알려줄 것이다. 궁금한 점이 있으면 물어보고, 그가 추천하는 비건 식당에 함께 가서 밥을 먹을 수도 있다. 그런 사람이 주위에 없다면 온라인에서 찾아볼 수도 있다. 천천히 하나씩 알아보고 실천하다 보면 누군 가에게는 내가 비건 지향인으로서 도움을 줄 날도 올 것이다.

비건편의점WiKi ko.veganism.wikidok.net/Wiki

베지로그 vegilog.com

월간 비건 begun.co.kr

한국채식연합 vege.or.kr

SURGE(EN) surgeactivism.org

Animals Deserve Absolute Protection Today and Tomorrow(EN) adaptt.org

· 책

『아무튼, 비건』 김한민 지음, 위고

· 유튜브 채널

채식한끼, 단지앙, 한국채식연합(KVU), Se-Hyung Cho, 비건먼지 VeganMonji

· 웹툰

[두연씨, 잘 먹고 잘 살아요], 하토, 딜리헙

· 비건뉴스레터

비트 instagram: @beat_newsletter

· 블로그

베지미나: blog.naver.com/minimina0226

비거니즘 공부: veganstudies.github.io

· 애플리케이션

채식한끼(국내), 해피카우HappyCow(국외)

비건 지향,
어떻게 시작할까

정보 수집

♦♦♦

나는 운이 좋게도 비건으로 살기 좋은 도시 중 하나인 런던에 있을 때 비건 지향을 시작했다. 비건 5년 차인 친구 샤넬이 있었고, 나와 같은 집에 살며 거의 같은 날 비건 지향을 결심한 카리가 있었다. 영어로는 다 확인할 수 없을 정도로 많은 책과 다큐멘터리, 유튜브 영상 등의 정보가 있다. 유기농 마트에 가면 각종 비건 가공식품을 구하기가 쉬웠고, 일하는 곳 주위에는 비건 식당이 많았으며 비건나이트런던(VeganNightsLondon)이 열리는 행사장도 가까이에 있었다.

한국뿐만 아니라 해외에도 역시 비건이 되기를 결심했지만 뭘 어떻게 시작해야 할지 잘 모르겠다는 사람들이 많이 있다. 새 학기의 첫날, 첫 출근처럼 아는 사람이 없는 낯선 곳, 아무것도 모르는 기분. 그 어떤 것이라도 처음, 익숙하지 않은 새로운 것을 배우는 일은 언제나 어색하고 답답하다. 새 학기가 시작되는 학교에는 교과서와 선생님도 있고, 새 직장에는 선배나 사수가 있다. 비건 지향은 아주 어려운 일은 아니지만 함께하거나 도와주는 사람이 없고, 필요한 정보를 어떻게 찾아야 할지 모른다면 마냥 쉽다고만 말할 수도 없다.

인터넷으로 검색하고, 가장 접근하기 쉬운 다큐멘터리와 유튜브 영상을 찾아보는 것으로 공부를 시작했다. 우리가 매일 무심결에 먹고, 가볍게 소비하는 것들의 뒤에 숨겨진 동물들에게 가해지는 폭력과 착취를 마주해보니 마음이 무거워졌고, 여러 가지 생각으로 머릿속이 복잡해졌다. 하지만 더 이상 외면하고 모른 척하고 싶지 않았다. 더 많이 알고 싶어졌다. 책은 많은 내용을 자세하게 담고 있었다. 몰랐던 사실을 알게 되는 기쁨과 성취감도 있었지만, 언제나 내 예상을 뛰어넘는 몇몇 사람의 지나친 만행과 너무 커져버려 수습이 어렵게 된 문제들은 알면 알수록 괴롭다. 종종 안타까움과 무기력함이 밀려오는 순간이 있다. 너무 견디기 힘들면 잠시 멈추어 쉬어가면서 지치지 않게 나를 먼저 돌보는 것이 중요하다.

현실의 어두운 면을 생각하면 갑갑하지만 더 나은 미래를 위해 내가 지금 당장 할 수 있는 일이 있어서 불행 중 다행이라는 생각이 든다. 아직 비건 지향 생활이 마냥 쉽고 편하지만은 않지만, 소소한 재미와 보람도 쏠쏠하다. 비건 생활정보가 풍부하지는 않았지만 그렇다고 아예 없지도 않았다. 기업에 성분을 직접 문의해 비건임을 확인한 가공식품을 알려주는 인스타그램 계정 @bevegan21을 찾았다. 검색을 하다 비건편의점 WiKi를 알게 되어 트위터를 시작했다. 해쉬태그 #나의비거니즘일기와 계정이름 옆에 붙은 Ⓥ 표시로 트위터의 비건들을 찾아서 팔로우했다. 지금까지 트위터는 나의 비건 정보통 노릇을 훌륭하게 하고 있다. 한국과 해외에 사는 한국어를 사용하는 비건들끼리 무엇을 먹었는지 보여주고, 레시피나 맛집, 추천 제품 등의 정보를 공유하고, 최근 이슈에 대해서 의견을 나눈다. 비거니즘 관련 책이 나오면 읽고 나서 이야기하고, 편의점 비건 도시락이나 식물성 버거같이 기업에서 비건 신상품이 나오면 너도나도 달려가서 먹어보고 저마다 후기를 남기기도 한다.

언젠가부터 비거니즘에 관심을 갖고 비건 지향을 실천하고 이야기하는 사람들의 수가 빠르게 증가하고, 더 많은 비건 제품이 출시되면서 비건 지향의 진입장벽이 점점 낮아지고 있다. 꾸준히 새로운 책과 잡지가 나오고, 블로그 포스트가 게시되고, 웹툰이 그려지고, 유튜브 채널이 생겨난다. 비건 관련 뉴스를 발 빠르게 알려주는 베지로그(Vegilog.com)와 일주일에 두 번 비거니즘 소식을 구독자의 이메일로 보내주는 구독 서비스 비건 뉴스레터 〈비트〉가 생겼다. 하루가 다르게 비거니즘 정보와 비건 음식, 제품도 점점 늘어나고 있다. 오늘은 비건을 시작하기에 가장 좋은 날이다.

편견과 고정관념

◆◆◆

"채식이 비싸다?"

* 장을 볼 때 가장 비싼 재료는 대부분 고기, 해산물, 유제품 등 동물성이다. 곡식이나 채소를 사면 여러 번 먹을 수 있지만 동물성 재료의 경우 일반적으로 한 끼를 먹으면 끝난다.
* 먹을 것이 없어 영양실조로 고생하는 개발도상국의 사람

들에게 지원되는 음식은 빵, 비스킷, 옥수수 가루 같은 곡류이다. 채식은 같은 금액으로 육식보다 수십 배는 더 많은 사람을 먹일 수 있다. 어른들의 말을 들어보면 가난했던 시절에는 우리도 감자와 옥수수, 죽에 간장이나 꽁보리밥에 김치를 먹으며 살았다.

* '고기'는 사치품이고, 육식은 부를 과시하는 도구이다.
* 외식할 때 가장 비싼 메뉴는 소, 어류, 갑각류 등 동물이 주재료이다.

"채식 식당의 가격이 비싸다?"

* 많은 채식 식당은 국내산, 유기농 등 친환경 농산물, 현미를 사용하기 때문에 수입산, 관행 농산물, 백미를 사용하는 육식 식당보다 비싸게 느껴질 수 있다. 비슷한 재료를 사용한다면 육식 식당이 채식 식당보다 비쌀 수밖에 없다.
* 영국이나 독일의 경우 채식 메뉴가 기본으로 가장 저렴하고, 동물성 재료를 추가할 시 추가금이 발생한다. 우리는 육식이 기본이기 때문에 동물성 재료를 제외하고도 그것이 포함된 가격을 낸다.

"채식 가공식품이 육식 가공식품보다 비싸다?"

＊ 가공식품의 경우 아직 보편화되어 있지 않아 해외에서 수입한 물건들이 많고, 수요가 충분히 많지 않기 때문에 대량생산을 하는 일반상품에 비해서 비싼 경우가 많다. 쌀도 백미보다 도정을 덜 하는 현미가 더 저렴할 것 같지만, 일반적으로 수요가 훨씬 많은 백미가 더 저렴한 것과 마찬가지이다. 이는 국내에 더 많은 채식 가공식품이 나오고, 찾는 사람이 많아지면 자연스럽게 해결될 문제이다.

"비건은 샐러드만 먹나?"

＊ 샐러드는 샐러드를 좋아하는 사람들이 먹는다.

＊ 현재 시중에 파는 샐러드는 대부분 비건이 아니다. 높은 확률로 고기나 치즈, 달걀이 들어 있다.

＊ 생채소를 자주 먹지 않거나 채소를 좋아하지 않는 비건도 적지 않다.

"그럼 비건은 뭐 먹고 살아요?"

＊ 보통 사람들이 먹는 음식을 다 먹는다. 뭐든지 비건으로 만들 수 있다. 고기 대신 버섯이나 대체육, 우유 대신 두유,

달걀 대신 두부를 먹는다. 다양한 종류의 곡류, 콩류, 채소, 과일, 견과류, 씨앗과 같은 식물을 먹는다.

"고기를 안 먹는다면서 대체육은 왜 먹지?"

* 고기의 맛이 싫어서 안 먹는 것이 아니라 동물 착취와 환경 파괴 때문에 불매하는 것이다.
* 대체육의 맛과 식감을 좋아하는 사람들도 있다.
* 고기가 맛있어서 육식을 멈출 수 없다고 말하는 사람들에게 동물을 해치지 않고도 고기의 맛과 질감이 비슷한 대체품으로 좋아하는 음식을 계속해서 먹을 수 있는 것을 보여줄 수 있다.
* 좋아하던 음식에서 고기만 대체육으로 바꾸어 계속해서 먹을 수 있다.
* 사용할 수 있는 재료 선택의 폭이 넓어진다.

"비건 음식은 이상하다?"

* '비건' 음식은 식물로 만든 것이다. 대체육의 성분은 콩이나 밀에서 추출한 단백질과 식물성 기름, 옥수수나 타피오카 전분 같은 식물성 성분이 전부이다. 우유 대체품도 콩

이나 귀리 등 곡류나 견과류를 물과 함께 갈아 만든 것이다. '고기'는 죽은 동물의 부패하는 사체이고, '우유'는 젖 고름이 가득한 소의 젖이며, '달걀'은 병아리의 액체 상태이거나 닭의 생리주기 부산물이다. 무엇이 더 이상할까?

주의 사항: 비건 아님

◆◆◆

비건 실천을 어렵게 만드는 것은 한두 가지가 아니지만 그 중에서도 가장 흔하게 '다 된 비건 음식'을 망치는 것은 우유이다. 많이 들어가지도 않는다. 있으나 없으나 별로 티도 안 나고 우유를 빼도 아무도 눈치 채지 못할 양이다. 성분분석표에 우유, 분유가 없어도 유청, 유장, 유당, 카제인처럼 우유 추출물이 여러 가지 이름으로 표기되어 있다. 마가린과 두유, 감자칩은 영국에서는 거의 비건이지만 국내에는 우유가 들어 있는 제품을 심심찮게 발견할 수 있다. 오레오도 수입된 외국산은 비건이지만 한국에서 유통되는 오레오에는 우유가 들어 있다.

우유뿐만 아니라 읽어봐도 이게 동물성인지 식물성인지 모를 성분표의 글자들이나 쓰여 있지 않은 제조 과정에서의 사용

여부도 있다. 과일주스와 두유에 들어 있는 비타민D3는 양털에서 추출한 라놀린이 사용된다. 아이들이 좋아하는 형형색색의 젤리와 마시멜로, 각종 디저트와 심지어 필름을 코팅하는 데에도 사용되는 젤라틴은 주로 돼지와 소의 쓸모없이 버려지는 뼈와 살의 부분을 끓여서 추출한다. 정제 과정에서 동물의 뼈를 태워 나온 뼛가루를 사용하는 설탕도 있고, 붉은색 식품에 많이 사용되는 천연색소 코치닐은 연지벌레를 빻은 것이다.

벨기에에 갔을 때 맛있다고 소문난 감자튀김을 먹어보려고 했는데 돼지기름에 튀긴다는 소리를 듣고 질겁했던 적이 있다. 술을 정제하는 과정에 우유 추출물, 달걀 추출물, 젤라틴 등을 사용하는 맥주와 와인이 있다. 맛과 향 증진에 비버의 항문 분비물인 해리를 사용하거나 동물실험을 하는 담배도 있다. 동물성 성분이 들어 있고 동물실험을 하는 화장품은 많이 알려져 있지만 세제나 치약, 비누, 심지어 화장지까지도 비건이 아닌 경우가 있다.

잘 미끄러지라고 비닐봉투 사이에 닭기름을 바르기도 하고, 접착제나 페인트에는 돼지 부산물을 넣는다. 동물의 털로 만드는 붓과 동물성 성분이 포함된 미술용품, 타투 잉크도 있다. 소뿔로 만든 단추는 케어라벨에 표시되어 있지 않은 경우가 대다

수이다.

이름만 들었을 때는 비건일 것 같은 '베지터블 가죽'은 식물성 염료로 가공한 동물의 가죽이다. 상업적으로 널리 사용되고 있는 인공눈물이나 화장품에 들어가는 히알루론산은 닭의 벼슬이나 소의 안구에서 추출한 성분이다. 동물실험을 하고 동물 부산물 성분을 사용하는 콘돔과 윤활제, 월경용품도 있고, 대부분의 의약품에는 유당과 젤라틴이 사용된다.

동물을 죽여서 사용할 부분만 골라내고 나머지를 다 버려서 낭비하고 오염시키는 것보다 최대한 사용 가능한 부분을 이용하는 것이 조금이나마 낫겠다는 생각이 들다가도 도대체 얼마나 많이 죽이고, 부산물이 많이 나오면 굳이 필요 없는 곳에까지 그렇게 꾸역꾸역 첨가하나 싶은 착잡한 마음도 든다. 동물의 부산물이 우리 생활 곳곳에 숨어 있어 피하기 쉽지 않아 비건도 알게 모르게 실수할 수밖에 없게 만드는 현실이다.

이렇게 일일이 따져가면서 우리가 동물을 얼마나 다양한 방식으로 착취하고 있는지 인지하게 도와주고, 해당 기업에 직접 문의해 결과를 공유해주는 분들, 동물 착취 없는 상품을 만들어 달라고 요구하는 분들을 응원하고 지지한다. 하지만 개인적으로는 성분분석표만 봐서는 알 수 없는 자잘한 부분들 때문에 고민하는 것보다는 스트레스를 최소한으로 줄이며 읽어보고, 일단 확실히 아는 것부터 먼저 걸러내는 것도 나쁘지 않다고 생각한다. 아무리 고기 때문에 죽는 동물, 가죽 때문에 죽는 동물이 따로 있다고는 하지만, 일단 동물을 죽이지 않는다면 자질구레하게 사용되는 동물 추출물은 인공적으로 충분히 대체할 수 있을 것이다. 의약품 같은 특수한 경우에도 물어보면 동물성 재료가 들어가지 않은 약을 선택할 수도 있지만 선택지가 없는 경우도 있다. 어쩌다 한번 아파서 약을 먹으면서 너무 스트레스를 받지 않았으면 좋겠다. 잘 찾아보면 비건으로 구매할 수 있는 상품을 찾을 수 있고 점점 더 많은 비건, 크루얼티 프리 제품들이 개발되어 판매되고 있다. 우리는 순간순간 최선을 다할 뿐이다. 최선을 다하는 것에 의미가 있다.

3

단계

비건으로 밥 먹기

○ 눈에 보이는 것은 피하고, 물어보고, 빼고 대체해서 주문해보기

다행히 육식 대체상품을 구할 수는 있지만, 아직 보편화되어 있지는 않기 때문에 특히 집 밖에서 먹을 때에는 미리 알아보고 찾아다녀야 하는 번거로움이 있다. 비건이 아닌 사람들과 단체생활을 한다면 조금 더 불편할 수도 있다. 일단 당장 눈에 보이는 것은 그래도 피하기가 쉽다. 육류가 주된 재료인 메뉴 대신에 비빔밥, 쫄면, 콩국수, 김밥을 선택한다. 처음에는 고를 게 하나도 없는 것 같아 막막할 수 있지만, 잘 찾아보면 채식으로 먹을 수 있는 메뉴 한두 가지쯤은 발견할 수 있다. 한 끼에 먹을 수 있는 한 가지 메뉴만 찾으면 된다. 채식으로 먹을 수 있는 음식점에 가거나, 주문할 때 달걀이나 햄, 고기 등 눈에 보이고 쉽게 뺄 수 있는 재료를 빼고 달라고 요청할 수 있다.

○ 나만의 쇼핑 리스트를 만들어 채식 식료품 구매하기

사람마다 체질도 식성도 환경도 다르다. 집에서 요리하기를 좋아한다면 양념, 소스, 향신료와 채소, 콩류와 곡식, 두부와 버섯 등의 요리 재료를 그때그때 만들고 싶은 음식에 필요한 것부터 하나둘씩 구매한다. 요리를 할 공간적·시간적 여유가 없다면 상황에 맞게 냉동식품이나 간편 조리식품을 미리 사두고 먹을 수도 있다. 일반 매장에서 대체육이나 간편 식품을 찾기가 쉽지 않다면 선택지가 넓고 다양한 온라인 쇼핑몰에서 궁금한 제품들을 주문해서 먹어보고 내 입맛에 맞는 식품을 찾아본다.

○ **다양한 재료와 방법으로 요리해보기**

늘 먹던 음식이나 재료가 아니어서 관심을 갖지 않았거나, 아직 먹어보지 않았던 식재료에 도전해본다. 인도네시아의 콩 발효식품 템페, 말린 두부, 포 두부, 유부 등 다양한 종류의 두부 와 버섯, 채소와 콩, 곡식을 이용해 마음에 드는 레시피를 찾아 새로운 방식으로 요리해본다.

한층 더 다채로운 식생활

빼고 바꾸고

◆◆◆

영국에서는 체질이나 신념, 종교 등 다양한 식습관이 기본 권으로 존중받는다. 단체로 제공되는 식사에는 대부분 채식 선택권이 있고, 글루텐이나 견과류 알레르기 등 주의할 점이 있다면 미리 물어보고 따로 준비해준다. 식당에서 주문을 할 때에도 이것저것 빼달라고 하는 것을 당연하게 받아들인다. 대부분 한두 가지라도 비건 메뉴가 있고, 채식이 기본이어서 육류 같은 기타 재료를 추가하고 싶으면 추가금을 내는 식당도 많다.

한식은 사찰 음식도 있고, 비건까지는 아니어도 밥과 국, 김치와 각종 나물반찬 등 육류가 겉으로 보이지 않는 채식을 하기에는 비교적 쉬운 편이다. 시래기 비빔밥, 감자전, 초당순두부, 팥죽, 호박죽, 도토리묵 무침 등은 원래 동물성 재료가 들어가지 않는다. 비빔밥, 쫄면, 콩국수, 막국수는 달걀을 빼고, 김밥은 달걀, 햄, 맛살 등을 뺀 만큼 식물성 재료로 채워 넣는다. 콩나물국, 두부버섯전골, 들깨 버섯탕, 들깨 칼국수, 청국장 등은 육수를 맹물로 바꿔달라고 요청할 수 있다.

카페에 가면 우유를 두유나 아몬드유로 변경해 좋아하는 음료를 비건으로 마실 수 있다. 식물성 음료를 구비하고 있는 카페를 찾아가거나, 없으면 직접 가져가서 부탁하는 사람들도 있다. 요즘에는 우유, 버터, 달걀을 사용하지 않는 조금 더 건강한 빵을 만드는 빵집도 많이 볼 수 있다. 일반 빵집에서는 유제품을 많이 사용하지만 바게트나 치아바타같이 유제품이 들어가지 않는 빵도 물어보면 찾을 수 있다. 일반적으로 전통 떡집은 떡을 만들 때 우유나 달걀을 사용하지 않지만 드물게 꿀이 들어가는 경우도 있다.

양식은 비건 식당이나 채식 메뉴가 있는 곳에 가지 않는다면 육류와 유제품을 뺀 샐러드, 오일이나 토마토소스에 육류나 해산물, 치킨스톡을 뺀 파스타나 반죽에 우유나 달걀이 들어가지 않는다면 치즈를 빼고 피자를 주문할 수도 있다. 처음에는 '치즈가 없는 피자를 무슨 맛으로 먹나' 했지만 막상 먹어보니 생각보다 깔끔하고 맛있었다.

중국 음식점은 채식 메뉴가 준비되어 있거나 요청하면 만들어주는 곳이 많다. 오신채는 불교에서 피하는 마늘, 파, 양파, 부추 등의 매운맛을 내는 채소를 말한다. 인도 음식점도 채식 메뉴를 지원하는 곳이 많이 있지만 우유, 크림, 기(Ghee, 인도에서 많이 사용하는 정제버터), 요거트 등의 유제품은 따로 물어보고 미리 빼달라고 요청해야 한다. 동남아 음식은 우리와 비슷하게 유제품의 사용은 거의 없지만 달걀과 피시소스(액젓)를 사용한다.

식당마다 사용하는 재료와 조리법이 각각 다르므로 미리 물어보고 재료를 빼거나 변경을 요청하면 좋다. 하지만 매번 물어보고 요청하는 것이 불편할 때도 있다. 이렇게 재료를 물어보고 변경을 요청하면 반영해주지 않는 식당도 있고, 빼준다고 해놓고 빼주지 않는 곳도 있다. 죽 전문점에 가서 주문한 야채 죽에 육수가 들어 있고, 혹시 다시다를 사용하느냐는 물음에 아니라고 하면서 몰래 넣는 식당도 있다. 육수 대신 맹물로 만들어달라고 부탁하면 아무리 괜찮다고 해도 맛이 없어서 안 된다면서 계속 걱정하는 경우도 있다.

한 번은 친구 Y와 채식한끼 앱으로 찾은 신림동에 있는 순두부와 청국장을 파는 식당에 갔다. 청국장은 맹물로 요청하고 직원에게 혹시 반찬 중에 액젓이나 달걀, 우유가 들어가는 게 있다면 안 먹으니 가져다주지 말라고 부탁했다. 부엌에 가서 재료를 물어본 그분은 액젓이 들어간 김치 대신 감자조림 한 접시를 더 가져다주셨다. 그리고 기본으로 비빔밥이 나오는데 "아까 달걀 안 먹는다고 했죠?"라고 물어보고는 달걀을 빼고 주셨다. 음식도 맛있었고 직원분의 배려가 따뜻하게 느껴졌다. 이렇게 친절하게 대응하고 하나라도 더 챙겨주고, 다시 찾으면 기억해주는 좋은 식당도 많다. 자꾸 물어보고 요청하는 사람들이 많아지면 식당에서는 아예 채식 메뉴를 준비하게 될 것이다. 그때부터는 쉽게 채식 메뉴를 주문할 수 있다.

장보기와 꿀팁

◆◆◆

꼭 필요한 영양소만을 위하여 무엇을 먹는다면 현미밥에 채소와 과일로도 충분하겠지만 우리는 다양하고 맛있는 것이 먹고 싶다. 뭘 사야 할지 잘 모를 때는 먹고 싶은 요리나 재료를 생각하고 동물성을 대체할 재료를 산다. 육류 대신 콩단백, 밀 단백 같은 식물성 단백질과 다양한 종류의 버섯을, 달걀 대신 순두부, 두부, 포두부를, 마요네즈 대신 콩마요를, 우유 대신 곡물이나 견과류 음료를, 액젓 대신 국간장을 선택한다. 가공식품에는 동물성 성분이 들어 있는 경우가 많고 처음 얼마 동안에는 확인할 것이 많아 평소보다 시간이 더 걸릴 수 있다. 하지만 그 이후에는 새로운 것만 확인하면 된다.

음식의 맛이 있고 없고는 신선한 재료와 양념, 간이 잘 맞는지에 달려 있다. 소금, 후추, 오일, 설탕 등의 기본 조미료만 잘 사용해도 맛있는 요리를 만들어 먹을 수 있다. 자주 사용하고 좋아하는 소스만 있으면 곡물, 면류, 채소만으로도 간단하게 요리할 수 있다. 소스와 향신료는 양이 적은 듯하고, 사는 당시에는 가격이 비싸게 느껴지기도 한다. 하지만 한 번 사두면 오래 먹을 수 있고, 여러모로 사용이 가능하니 투자한다고 생각한다. 대부분의 양념과 소스는 식물성이지만 만드는 곳마다 사용하는 재료가 다르기 때문에 성분표를 한 번 더 확인한다.

＊ 한식: 간장, 고추장, 된장, 고춧가루, 참기름, 들기름, 참깨,

식초, 연두

* 양식: 올리브유, 발사믹식초, 사과식초, 머스타드, 토마토
  페이스트, 허브 가루, 채소스톡 *(영양효모(Nutritional Yeast)가
  있으면 페스토나 캐슈넛 치즈 등을 만들 수 있다.)

* 인도 음식: 가람 마살라, 마드라스 마살라, 강황, 코리엔더,
  큐민, 계피, 파프리카, 칠리 가루

* 중국 음식: 춘장, 두반장, 즈마장, 고추기름 소스, 전분 등

* 동남아 음식: 스리라차, 호이신(해선장), 스윗칠리, 타마린드
  소스

소스와 향신료는 한 번에 다 사는 것보다 그때그때 요리에 필
요한 것부터 사는 것이 실용적이다. 말린 해조류는 건강에도 좋
고, 맛도 좋으며 한 번 사두면 오래 먹을 수 있다. 다시마는 채
수의 기본 재료이고, 미역은 미역국이나 초무침, 오이냉국을 만
들 때 사용한다. 김은 그냥 먹어도 맛있고, 비빔밥이나 볶음밥,
주먹밥, 떡국 등에 넣어도 맛있는데 비타민 B12까지 들어 있다.
채수를 낼 때는 다시마, 버섯, 파, 무, 마늘, 양파, 생강, 사과, 향
신료 등 집에 있는 재료를 사용하거나 간편하게 버섯 가루, 채
미료나 연두를 사용할 수도 있다.

떡, 수제비, 쫄면, 칼국수면, 소면, 쌀국수면, 파스타면, 라이스페이퍼는 집에 사놓으면 쌀밥 대신 다른 것이 먹고 싶을 때 채소만 사서 간단하게 요리해 먹을 수 있다. 단백질이 풍부해 포만감을 주는 콩은 주로 두부, 콩나물, 된장, 콩자반, 콩밥으로 먹지만 수프, 샐러드, 커리에 콩을 넣거나 채소를 찍어먹는 후무스 같은 딥(Dip)이나 식물성 버거 패티로 만들 수도 있다.

아직 시중에는 흔하지 않은 고기나 햄, 소세지, 맛살, 달걀, 만두, 돈가스, 육포, 진미채 등의 육식 대체상품이나 초콜릿, 젤리 등 채식 가공식품은 온라인으로 구매하는 것이 종류도 다양하고 편하다.

요즘엔 정말 '포기'할 것이 하나도 없다. 비건이 되고 런던에 있는 아시아마켓에 갔을 때 채식코너의 육식 대체상품을 구경하다가 깜짝 놀랐다. 중국에는 채식 인구가 많다고 들었는데, 식물로 만든 생선 모양, 새우 모양, 삼겹채, 닭 모양, 오리 모양의 대체육 등 모든 요리를 채식으로 먹을 수 있는 식재료가 있었다. 미국의 비욘드 미트(Beyond Meat)는 실제와 거의 똑같은 맛과 식감의 햄버거 패티, 채식 소시지 등 친환경적이고 윤리적인 제품들을 개발하여 판매하고 있는데, 국내에는 이와 비슷한 브랜드로 언리미트(Unlimeat)가 있다.

동물을 흉내 낸 가공식품 말고도 인도네시아의 콩 발효식품 템페는 노릇노릇하게 구우면 특유의 고소한 맛이 좋다. 두부를 얼렸다가 녹이면 수분이 빠져나오면서 스펀지처럼 변하며 쫀쫀해진다. 동두부는 양념이 잘 배고 손으로 잘게 부수어 소보로를 만들 수도 있다. 향신료와 말린 허브, 각종 가루를 잘 배합하면 다채로운 맛을 즐길 수 있는데, 마늘 가루나 양파 가루, 생강 가루는 집에 신선한 마늘, 양파, 생강이 없고 귀찮을 때 사용한다. 들깨 가루는 들깨 칼국수, 들깨 리소토를 만들거나 버섯볶음, 떡국, 미역국에도 넣는 필수 재료 중 하나다. 계피(Cinnamon), 팔각(Star anise), 정향(Clove), 통후추(Whole black pepper), 카다몸(Cardamom)으로 차이(Chai) 라테나 글루바인/뱅쇼(Mulled wine)를 집에서 만들어 마신다. 향신료나 가루들을 사용해 요리를 하다 보면 마법 약을 만드는 것 같기도 하고, 화학실험을 하는 것 같기도 해서 재미있다.

오래 두고 먹을 수 있는 식재료는 대용량으로 사면 쓰레기도 상대적으로 적게 나오고, 자주 사지 않아도 되고, 가격도 저렴하고, 친구들과 나눔도 할 수 있다. 김 가루 1kg는 베개만큼 커다랗다. 대용량 김 가루는 냉동실에 넣어놓고, 조금씩 따로 통에 덜어놓고 먹는다. 동네에서 좋아하는 두유나 곡물 음료를 찾기 어려우면 박스로 주문한다. 대추야자(Date palm)는 꿀을 굳혀 놓은 것 같고, 부드러운 엿과 비슷한 식감에 아주 달고 쫀득해 간식으로 먹거나 불리고 갈아서 설탕 대용으로 사용한다. 얼갈이나 아욱 같은 잎채소는 세척한 후 소분해 얼려놓고 하나씩 꺼내 된장국을 끓인다. 마늘이나 생강, 파는 손질해 냉동해놓고 조금씩 꺼내 먹는다.

압착귀리(Rolled oats)를 물에 끓이거나 인스턴트 오트밀에 끓는 물을 넣어 불린 다음 좋아하는 식물 음료, 과일, 견과류, 씨앗 등을 추가하면 아침에 간단하게 먹기 좋은 한 끼 식사인 포리지(Porridge)가 된다. 견과류와 씨앗에는 오메가3, 철분, 칼슘이 풍부해 조금씩 챙겨 다니면서 간식으로 먹거나 스무디나 샐러드, 요리에 사용한다. 라이스페이퍼는 월남 쌈, 스프링 롤뿐만 아니라 김말이, 만두, 튀김으로 응용도 가능하다.

밖에 있을 때 사먹을 수 있는 간식은 떡, 약과, 찹쌀 도너츠(대부분 비건인데 버터를 넣은 곳도 있었으므로 사기 전에 확인), 군고구마, 찐옥수수, 편의점에서 파는 두유나 아몬드 음료, 군밤, 견과류가 있다. 손질해서 준비해 둔 과일이나 채소, 견과류와 온라인에서 박스단위로 미리 구매해놓은 두유나 아몬드 음료를 하나씩 챙겨 다니면 밖에서 먹을 것을 찾기 어려운 상황에 유용하다.

즐거운 비건 생활

◆◆◆

직접 요리를 하면 재료의 질과 양을 나 스스로 통제하고 확인할 수 있으며, 식비도 줄일 수 있다. 더 좋은 재료를 고르고, 채수를 직접 우리고, 김치까지 내 손으로 만들어보니 맛도 있지만, 음식이 더 소중하게 느껴져 최대한 남기지 않고 먹게 된다. 동물성 재료 속 세균, 박테리아, 살모넬라균, 대장균 걱정이 없고, 잡내, 누린내, 비린내 제거에 애쓸 필요도 없다. 피, 고름, 뼈, 가시, 알껍데기 등의 부산물을 처리하는 불편함도 없다. 설거지도 한결 쉽고 편해졌다.

비건이 되고는 요리를 더 많이 한다. 요리를 너무 어렵게 생각하는 사람이 많은데 돈을 받고 파는 것이 아니라면 요리를 꼭 '잘'해야 할 필요는 없다고 생각한다. 지금 내가 먹을 수 있는 음식을 만드는 것부터 일단 '해보는' 것이 중요하다. 뭐든 직접 해보면 '생각보다 별거 아니네'라는 생각이 들고, 무엇이든 꾸준히 하다 보면 늘기 마련이다. 요즈음에는 한 번의 검색으로 다양한 레시피를 찾을 수 있다.

신선한 채소를 씻고 손질해 밥과 구운 버섯, 두부, 콩불고기에 쌈장을 넣고 쌈을 싸먹거나 채썰어서 월남 쌈으로 먹는 것을 좋아한다. 샐러드에 파스타, 퀴노아, 콩, 쌀밥을 넣고 두부나 템페를 추가하면 한 끼 식사로 부족함이 없으며 복숭아나 사과 등 과일을 추가해도 맛있다. 브로콜리는 마늘과 볶거나 기둥까지 채 썰어 다진 양파와 마늘, 말린 크랜베리를 넣고 콩 마요네즈, 식초, 설탕으로 드레싱을 만들어 샐러드로 먹기도 한다. 나물이나 버섯은 살짝 데쳐서 소금, 마늘, 파, 들기름을 살짝 두른 후 무쳐서 참깨를 뿌리면 나물반찬이 된다.

볶음은 가장 많이 하는 조리법인데 재료를 그냥 볶으면 반찬, 볶다가 물을 넣으면 국, 밥이나 면을 추가하면 볶음밥이나 볶음면이 된다. 기름을 사용하기 싫다면 물만으로도 볶을 수 있다. 요리를 할 때는 중간불이 좋다. 볶을 때 말라서 탈 것 같으면 물을 조금씩 추가한다. 가지, 파프리카, 브로콜리, 버섯, 감자, 아스파라거스로 바비큐 파티를 할 수도 있다. 다들 알고 있겠지만 기름에 튀기면 뭐든 맛있다. 채소 튀김은 특히 가지 튀김이, 부침개는 배추전과 깻잎전이 좋다.

요리는 좋아하지만 여러 조리도구를 전부 꺼내 쓰고, 씻고, 정리하는 건 너무 귀찮다. 그래서 최대한 빨리 간단하게 끝내고 한 그릇으로 먹을 수 있는 비빔밥, 볶음밥, 덮밥, 국수, 볶음면, 떡국을 주로 해먹는다. 반찬도 많이 필요 없다. 먹고 싶은 음식이 생각나지 않을 땐 집에 있는 재료나 먹고 싶은 식재료를 떠올리며 무엇을 만들 수 있을지 생각하거나 찾아본다. 여러 가지 음식의 레시피를 구경하고, 마음에 드는 것을 고른다. 좋아하는 재료를 마음껏 사용해 내 입맛에 맞게 만든 음식을 먹고 싶은 만큼 먹는 게 직접 하는 요리의 가장 큰 장점이 아닐까?

　사실 처음에 비건이 되기로 결심할 때 먹고 싶은 걸 '참거나' 여행지의 음식을 먹어보는 '경험을 잃을' 각오를 하기도 했다. 얼마 지나지 않아 그건 괜한 걱정이었음이 드러났다. 동물성 재료를 제외하거나 대체육을 사용하는 것을 넘어서 창의력으로 만들어낸 비건 음식은 정말이지 예술적이고 재미있다. 캐슈넛/아몬드/귀리 '치즈', 두부 스크램블드 '에그'부터 파프리카/당근/토마토/파파야 '훈제연어 맛', 병아리콩 '참치 맛' 샐러드, 라이스페이퍼/가지/템페/코코넛칩/버섯 '베이컨', 수박 '훈제햄'과 '스테이크', 잭프룻 '치킨윙'과 '풀드포크', 콜리플라워/두부/버섯 '프라이드치킨 맛', 새송이버섯 '관자구이', 캐슈넛/햄프씨 '곰탕', 버섯 '백숙', 고사리 '장조림', 곤약으로는 '초밥', '회'덮밥, '젓갈', '게장' 등을 만드는 등 매번 그 상상력에 감탄한다.

　여행을 할 때에도 문제없다. 영국에서는 잉글리시 블랙퍼스트, 김과 두부나 바나나블로썸으로 만든 '피시 앤드 칩스'를 먹

고 애프터눈 티도 즐겼다. 에딘버러에서는 양이나 송아지의 내
장기관으로 만드는 스코틀랜드의 전통음식 '하기스'를 비건으
로 먹어보았다. 오스트리아 빈에는 돈가스와 비슷한 '슈니첼' 전
문 비건 식당이 여러 곳 있고, 폴란드 바르샤바에는 폴란드 음
식 전문 비건 식당이 있다. 발트 3국의 차가운 비트 수프, 독일
의 하얀 아스파라거스에 곁들이는 비건 홀랜다이즈 소스도 비
건으로 먹는 것이 가능하다. 프랑스 파리의 비건 페이스트리 가
게의 크루아상과 에클레어는 입에서 살살 녹는다.

재료의 신선함, 요리사의 실력과 컨디션, 내 입맛과 컨디션
에 따라 사람마다 '맛있다'의 기준은 다르다. 육식도 좋은 재료
로 정성껏 만든 것이 맛있을 수 있고, 당연히 채식도 대충 만들
면 맛이 별로다. 내 경험상 비건 식당은 더 많이 고민하고 정성
을 들이는 것이 느껴진다. 지금까지 먹었던 최악의, 음식이라고
말하고 싶지도 않았던 건 모두 육식이었다. 반면에 너무 맛있어
서 동네 친구들을 다 데려가고, 배달시켜 먹고, 퇴근하고 혼자
찾아가서 먹었던 음식은 비건이었다.

4
단계

비건의 눈으로
세상 관찰하기

○ **거리에서 전체 상가 대비 정육점, 치킨집, 고깃집 등 육식 가게의 비율 확인해보기**

집 주변의 식당가나 먹자골목, 친구들과 자주 가는 번화가를 걸으며 얼마나 많은 정육점, 치킨집, 고깃집이 있는지 보고 전체 상가 대비 어느 정도 비율인지 따져본다. 밖에 나와 있거나 벽에 붙어 있는 메뉴판을 보고 먹을 만한 메뉴를 확인하고 채식으로 변경 요청할 수 있는 메뉴가 있는지 살펴본다. 미리 알아보거나 앱으로 채식 식당을 찾아다니는 것이 아니라 전에 하던 대로, 평소대로 자연스럽게 집 밖으로 나가서 메뉴를 읽어보며 관찰한다. 밥은 집에서 미리 맛있게 그리고 배부르게 먹고 나가는 것이 좋겠다.

○ **내 주변에 있는 동물을 이용, 사용한 것들 찾아보기**

집안이나 일하는 곳 혹은 자주 가는 곳에서 동물을 이용하거나 동물성 재료를 사용한 것들이 있는지 살펴본다. 동물의 가죽으로 된 가구와 차 시트부터 지갑, 가방, 신발이나 동물의 깃털이나 뿔로 만들어진 장식품, 옷 안쪽의 케어라벨을 확인해 내 옷에 동물성 재료가 사용되고 있지 않은지, 사용하는 화장품이나 세제가 동물실험을 하는지 알아볼 수도 있다. 하지만 이것들을 당장 버리거나 없앨 필요는 없다. 알게 된 그 순간부터의 새로운 소비를 멈추면 된다. 오랫동안 사용하던 멀쩡한 물건을 갑자기 처분하고 새 물건을 사는 것보다는 지금 쓰는 물건을 닳을 때까지 계속 사용하는 것이 돈도 덜 들고 환경에도 덜 해롭다.

○ 육식과 동물 이용을 하지 않는 콘텐츠가 얼마나 있는지 의식하면서 보기

텔레비전이 있다면 켜서 채널을 돌려본다. 영화, 드라마, 예능, 요리, 맛집, 여행, 홈쇼핑 등 음식을 만들거나 먹는 장면이 나온다면 혹시 동물성 재료를 사용하고 있지는 않은지, 등장인물이 동물의 가죽이나 털로 만든 무언가를 착용하고 있거나 팔고 있지 않은지 확인한다. 혹시 동물이 나온다면 동물을 이용하는 어떤 체험을 소개하거나, 갇혀 있는 동물을 보여주거나, 동물을 이용해 촬영한 영상은 아닌지 본다(자연의 야생동물을 몰래 관찰 촬영한 것은 제외). 텔레비전이 없다면 이용하는 스트리밍 서비스 채널을 둘러보며 확인할 수 있다.

• 책

『우리는 왜 개는 사랑하고 돼지는 먹고 소는 신을까(Why We Love Dogs, Eat Pigs and Wear Cows)』멜라니조이 지음, 노순옥 옮김, 모멘토

『고기를 끊지 못하는 사람들(Meathooked)』마르타 자라스카 지음, 박아린 옮김, 메디치미디어

『육식의 종말(Beyond Beef)』제레미 리프킨 지음, 신현승 옮김, 시공사

• 영화

<카니지(Carnage)>(2017), BBC

• 유튜브 영상

'심리학자 멜라니 조이 박사가 말하는 우리가 몰랐던 육식의 이유', Se-Hyung Cho(https://youtu.be/boUm_asEhQ4)

육식주의 알아채기

육식주의 문화와 전통

♦♦♦

모르는 게 약이라는 말이 있다. 대부분의 경우 그것은 독약이다. 민주주의와 자본주의를 모르는 사람은 거의 없다. 하지만 민주주의와 자본주의만큼이나 전 세계적으로 널리 퍼져 있는 강력한 신념이 하나 더 있다. 우리는 이것에 엄청난 양의 '기부'를 하고, 수없이 많은 생명을 강제로 '희생'시킨다. 매순간 들이쉬고 내쉬는 공기처럼 너무나도 당연하게 존재하고 있는 아주 오래된 이 신념은 그동안 마땅한 이름조차 없어서 우리는 그에 대해 이야기하지도, 생각하지도, 의심하지도 않았다.

　나도 멜라니 조이의 『우리는 왜 개는 사랑하고 돼지는 먹고 소는 신을까』를 접하기 전까지는 육식주의(Carnism)의 존재를 알지 못했다. 육식주의는 현재 전 세계의 수많은 사람들이 믿고 있는 '육식은 정상적이고, 자연스럽고, 필수적이기 때문에 인간의 육식은 정당하다'는 신념 체계와 시스템이다. 육식을 하는 사람들은 채식주의자만이 '신념'에 따른 선택을 한다고 믿지만 사실 육식 역시 '신념'에 근거한 선택으로, 속해 있는 문화권 내에서 약속된 특정 동물 이외의 동물을 먹는 것을 혐오하는 것도 마찬가지다.

　육식주의 세상에서 채식주의자는 불편하다. 번화가에는 죽은 동물이 없는 식당을 찾기 어렵다. 눈에 보이는 것은 물론, 눈에 보이지 않는 육수나 조미료까지 방심할 수 없다. 텔레비전을 보면 사람들은 계속해서 동물을 먹는다. 일일이 성분표를 확인하는 데 시간이 걸린다. 아주 적은 양의 동물성 재료 때문에 먹지 못하게 되는 것이 수두룩하다. 단체 급식에는 동물성 재료가 필수적으로 들어가지만 채식 선택권은 없다. 단체로 나눠주는 간식에는 우유가 들어 있다. 회식은 언제나 육지 아니면 바다 동물이다. '보통'사람들 사이에서 채식주의자는 '튀는', '예민한',

'감성적인', '극단적인' 사람 취급을 받는다.

인간은 아주 오래전부터 동물을 먹고, 입고, 이용해왔다. 만약에 동물들이 없었다면, 혹은 그들을 이용하지 않았다면 지금의 우리는 아마 없을지도 모른다. 이를 이유로 어떤 이들은 "옛날부터 조상들은 고기를 먹었다. 육식은 문화이고 전통이기 때문에 계속되어야 한다"고 주장한다.

비거니즘은 오지의 원주민들이나 그와 비슷한 생활을 했던 조상들과는 관련이 없다. 그들은 살아남기 위해서 필요한 최소한의 살생만을 한다. 지금 우리는 '생존'에 꼭 필요하지는 않지만 누군가의 '이익'을 위해 최대한 많은 동물을 강제로 생산하고 도축한다. 오지의 원주민들은 야생동물을 사냥하지만 우리는 '가축'이라고 정해놓은 동물들을 강제로 가두고 사육해 도살한다. 오지의 원주민들에게는 대체할 수 있는 것이 없지만, 우리에게는 충분한 대체품과 기술이 있다.

문화는 언제나 아름다운 것이거나 계속해서 지켜져야 하는 것이 아니다. 문화는 한 사회나 집단에서 나타나는 행동, 사고방식 등의 생활양식이고, 전통은 그런 문화가 오랜 시간 지속된 것이다. 이전에는 나쁜지 모르던 습관은 그것이 잘못된 것임을 알게 되었을 때 멈출 줄도 알아야 한다. 실내에서의 흡연도 불과 수십 년 전에는 문제가 없었다. 지금같이 공장식 축산으로 매끼 '고기'를 먹는 생활이 시작된 것은 겨우 2000년대 초반인데, 이는 '전통'이라고 보기에는 너무 짧은 기간이다. 지금 우리는 이 새로운 습관 때문에 전에 없던 병으로 고생하고 있다.

우리는 육식이 아니어도 사계절 먹을 것이 풍부한 세상을 살고 있다. 조상들 때에는 없던 전기와 인터넷을 사용하고, 새로운 발견과 경험, 그리고 기술이 있다. 옛날에는 지금처럼 다양한 먹거리를 늘 손쉽게 구할 수도, 여러 나라의 연구결과를 알 수도 없었다. 그때의 조상들은 지금의 우리가 '야만적'이라고 생각하는 행동을 하기도 했다. 지금은 그 '옛날'도 아니고, 우리는 '조상들'이 아니다. 조상들이 했던 모든 행동이 다 옳은 것도 아니고, 우리가 그 모든 것을 똑같이 계속해야만 하는 것도 아니다.

육식주의 사회에서 편안함과 안전함을 버리고 비건이 되는 것이 그저 쉬운 일은 아니다. 하지만 육식주의의 존재를 알아차리고 세상이 조금씩 변할수록 더 많은 사람들에게 비건을 지향하는 것은 더 이상 어려운 선택이 아니게 될 것이다.

육식의 숨겨진 비용

◆◆◆

매년 물가는 무섭게 오르는데 40년 전 보다 오늘날 훨씬 더 저렴하게 팔리고 있는 것이 있다. 〈축산신문〉에 따르면 1980년 한우 설도 500g의 가격은 그 당시 돈 9,930원, 돼지 삼겹살 500g은 4,178원, 닭 1kg은 4,961원, 달걀은 10개에 1,594원이었다. 화폐가치 계산기로 이 가격을 2019년 돈으로 환산해보니 소 4만 7,107원, 돼지 1만 9,820원, 닭 2만 3,534원, 달걀 7,561원이다. 하지만 실제 2019년에 한우 설도의 가격은 2만 7,430원으로 무려 2만 원이 싸다. 돼지 9,960원, 닭 5,168원, 달걀 1,790원 또한 믿기지 않을 만큼 저렴하다.

품목	1980년의 가격	2019년 화폐가치 환산	실제 2019년 가격
한우설도 500g	9,930원	4만 7,107원	2만 7,430원
돼지 삼겹살 500g	4,178원	1만 9,820원	9,960원
닭 1kg	4,961원	2만 3,534원	5,168원
달걀 10개	1,594원	7,561원	1,790원

이런 일이 가능한 것은 시중의 99% 이상의 고기와 달걀을 생산하고 있는 공장식 축산 '덕분'이다. 공장식 축산은 '최소한의 비용'으로 '최대한의 이윤'을 창출하기 위한 시스템이다. 햇볕 한 줄기 들지 않는 콘크리트 바닥의 '축사'에서는 최대한 빠른 시일 내에 살이 찌고 젖과 알을 더 많이 '생산할 수 있도록' 유전자 조작 등으로 '품종 개량'된 특정 동물들에게 빛과 온도 조절, 호르몬, 살충제, 의약품, 항생제까지 사용하며 도살장으로 보내기 전까지 괴롭힌다. 당연히 그 과정에서 죽는 동물들도 셀 수 없이 많다. 스트레스로 서로를 공격하고 죽일 정도로 빽빽하게 가둔다. 끊임없이 동물들을 '재생산'하고 성장이 느린 소위 '사료 값도 안 되는' 아기 동물들은 하루빨리 '도태'시킨다. 병에 걸린 동물들은 죽임을 당한다. 아픈 동물을 죽이는 것이 치료비보다 이익이 되기 때문이다. '가축' 동물들의 자연수명은 (종에 따라 다르지만) 약 13~30년 정도이지만 비정상적으로 빨리 살이 찌게 조작된 아기 동물들은 겨우 한 달이나 수개월, 길어야 2년 안에 '적정 무게'가 되면 '도축'된다.

곡식이나 채소에 비하면 여전히 비싼 이 가격표 뒤에는 우리가 부담하는 숨겨진 금액이 더 있다. 병든 아기 동물을 많이 먹으면 먹을수록 우리는 병에 걸린다. 이에 따른 병원비, 수술비,

약값 등 의료비가 든다. 게다가 지난 10년간 국내에서는 7,000만 마리의 동물이 '살처분'되었는데, 이를 위한 처리비용으로 세금 약 4조 원이 들었다. 정부는 국민의 세금으로 살처분의 실행과 농가 보상금, 학교 우유 급식 지원, 가축 분뇨 처리비용 등 여러 가지 이름으로 축산업에 보조금을 지원한다.

하지만 진짜 문제는 가격을 매길 수조차 없다. 소고기 1kg을 생산하려면 약 1만 5,500리터의 물이 필요하다. 국민 일일 물 사용량이 세계에서 3위라는 한국의 가정 1인당 일일 물 사용량은 178리터(2017년 기준)이다. 가축은 물만 먹으며 자라지 않는다. 돼지는 사람의 10배에 달하는 오염물을 배설한다. 공장식 축산의 가축 배설물은 견디기 힘든 악취를 내뿜고 토양과 하천을 오염시킨다. 가축 살처분과 매몰지 오염문제도 심각한데, 경기도에 따르면 2010년부터 최근 조성된 가축 매몰지는 모두 2,517곳이 넘는다. EBS 지식채널e 〈3년 후〉에서 가축 매몰지 100여 곳을 찾아가 사진을 찍은 문선희 작가는 3년이면 다시 농사를 지을 수 있는 땅이 된다는 정부의 예측과는 다르게 매몰지 주변에는 악취가 심하게 났고, 땅은 물컹물컹했으며, 곰팡이가 피어나며 썩어가고 있었다고 했다.

최근에는 아프리카 돼지열병으로 죽어나간 돼지들의 사체에서 흘러나온 피가 임진강을 오염시킨 사건이 있었다. 깨끗한 수자원과 비옥한 토양이 없으면 우리도 살 수 없다. 한 번 오염된 자연은 다시 전과 같은 모습으로 되돌릴 수 없다. 단지 '맛'과 '이윤'이라는 이기적이고 염치없는 이유만으로 감각과 감정을 느끼는 생명을 강제로 재생산하고, 착취하고, 죽여서 빼앗은 그들의 살과 알, 젖에 도대체 무슨 자격으로 가격을 매길 수 있을까.

왜 이제야 알았을까

◆◆◆

비건은 갑자기 하늘에서 뚝 떨어지거나 땅에서 솟아난 존재가 아니다. 지금 비건을 지향하는 대부분의 사람은 '보통'사람들 중 하나이다. 동물이 들어간 음식의 맛을 좋아했다. 개를 먹는 것은 잘못되었지만 닭이나 돼지, 소는 먹으려고 키우는 것이라 괜찮다는 말을 받아들였다. 음식과 동물은 다른 것이었다. 그것은 '치킨'이고, '삼겹살'이고, '햄버거'였다. 내 주변에는 비건도, 채식을 하는 사람도 없었다. 화장품이 동물실험을 했는지, 하지 않았는지에 관심을 갖지 않았다. 동물을 좋아해서 동물원에 갔고, 신비로운 바닷속이 보고 싶어 아쿠아리움에 갔다.

비거니즘을 알고 난 후 세상이 다르게 보였다. 이제 고기가 동물로 보인다. 동물을 요리하는 냄새만 맡아도 울부짖으며 공포에 질려 있는 동물들이 생각나 슬퍼졌다. 더 알면 알수록 자꾸만 화가 났다. 내가 별 생각 없이 먹던 음식 때문에 수많은 동물이 고통과 학대를 받는다는 사실을 알지 못했고, 아무것도 의심하지 않았던 나에게까지 화가 났다. 숲을 파괴하고 땅과 물을 오염시키는 공장식 축산이 '합법'이라는 것이 믿을 수 없었다. 끊임없이 '고기'를 먹는 장면을 보여주고, 건강하기 위해서 동물을 먹어야만 한다고 떠들어대는 매체가 가증스러웠다. 비아냥거리며 비건을 조롱하는 댓글이나 무지한 사람들의 악의 없는 질문들에 신경이 거슬렸다.

처음에는 속이 상하고 답답했다. 나 혼자 해결할 수 있는 문제가 아닌데 외면하는 사람들이 야속하게 느껴졌다. 불과 얼마 전까지 나도 그 사람들 중 하나였다는 사실을 망각했다. 시간이 지날수록 아직 비건이 아닌 사람들의 말과 행동을 보면서 비건이 되기 전의 나의 무지했고, 의심했고, 오해했던 모습들이 겹쳐져 보였다. 많은 사람들은 자신의 행동이 잘못되었다는 사실을 받아들이는 것과 생활습관을 바꾸어야 한다는 것에 불편함을 느끼며 경계한다. 내가 그랬던 것처럼 아직 마음의 준비가 되지 않았거나, 연결고리를 찾지 못했거나, 그들만의 상황이나 사정이 있을 것이다.

내가 하는 행동과 나를 동일시하면 '나의 어떤 행동'이 '틀렸다'는 것을 '내'가 '잘못되었다'로 받아들이게 된다. 그게 습관이 되어버린 오래된 행동이라면 부정은 더욱 심해진다. 우리는 듣고 싶은 대로 듣고, 보고 싶은 대로 보고, 우리의 잘못된 행동을 합리화하고 싶어 한다. 그러나 모르고 하던 '행동'이 잘못되었음을 알면 인정하고 바꾸면 된다. 이건 개개인의 잘못이 아니다. 만연한 육식주의와 그 시스템의 탓이다.

누군가 나에게 찾아와 자세히 설명해준 적은 없지만 돌아보면 제대로 알아채지 못했을 뿐, 나는 육식주의의 단서들을 계속해서 발견하고 있었다. 영화 〈템플 그랜딘(Temple Grandin)〉을 보고 얼마간 피가 줄줄 흐르는 소고기를 보고 생각하는 것만으로도 역겹고 불편했다. 성인이 되고 다시 간 동물원의 동물들이 답답하고 슬퍼 보여서 동물원에 가는 것을 멈췄을 때도, 동물의 살점을 만지고 요리하는 것이 싫어 고기를 사는 것을 멈췄을 때도 조금 더 생각해볼 수 있었다.

아무리 같은 시간, 같은 교실에서 같은 선생님에게서 수업을 들어도 각자 이해하는 정도가 다르다. 어떤 책이나 영화를 여러 번 다시 보면 매번 조금씩 다르게 느껴진다. 기억이 나는 부분도 있고, 낯선 부분도 있다. 지난번에는 대수롭지 않게 넘겼는데 이번에는 마음에 꽂히며 새롭게 와 닿는 부분도 있다. 전에는 여러 번 반복해서 읽어도 잘 이해되지 않던 것이 한 번만에 이해가 되고 공감이 되기도 한다. 어떤 것이든 먼저 내 마음이 열려 있어야 눈과 귀가 열리고, 준비가 되어 있어야 진심으로 이해하고 받아들일 수 있다.

학교에 다닐 때에는 졸업을 하고 나면 공부라는 것을 하지 않게 되는 줄 알았다. 하지만 학교에서 배울 땐 하나도 재미가 없던 것이 내가 궁금해서 찾아보니 너무 재미있었다. 학교 밖으로 나와 살아보니 진짜 중요한 것들은 학교에서 배우지 못했다는 것을 알게 되었다. 내가 알아내고 찾아서 배워야 한다. 하지만 내가 무엇을 모르는지도 모르는데, 어떻게 갑자기 알게 되어서 배울 수 있을까? 내가 좋아하는 것이 아니어도 한번 듣고 생각해보기, 다양한 사람들의 의견과 그들의 관심사에 관심을 가져본다면 지금은 대수롭지 않게 여겨져도 언젠가 돌아보면 연결점을 찾게 되는 것들이 분명히 있다.

5
단계

동물 이용, 동물실험 제품과 동물성 재료 소비 피하기

○ **동물원, 동물 카페, 동물 쇼, 동물 체험, 아쿠아리움 등 동물의 전
시와 이용 불매하기**

여러 가지 이유로 채식을 하는 것이 어렵다고 생각하는 사람
들도 아주 쉽게 할 수 있는 것이 있다. 동물원에 가는 대신 야생
동물이 자연에서 그들답게 사는 모습을 담은 다큐멘터리를 보
는 것, 동물 쇼나 서커스 대신 인간 서커스나 연극, 뮤지컬을 보
는 것, 동물체험 대신 동물의 생태에 대해 공부하고, 아쿠아리움
에 가는 대신 바닷속 다큐멘터리 보는 것이다. 최신 첨단기술로
심해까지 촬영한 다큐멘터리 〈블루 플래닛(Blue Planet)〉에는
아쿠아리움에서는 절대로 볼 수 없는 많은 장면이 담겨 있다.

○ **의류 구매 전, 소재에 동물성 재료가 들어 있는지 확인하기**

옷이나 가방, 신발을 새로 사기 전에 소재를 확인해 동물성
재료가 들어가지 않은 제품을 찾아본다. 겨울옷에는 울, 다운,
알파카, 모헤어, 앙고라, 캐시미어 등 동물성 재료가 더 많이 사
용된다. 면이나 리넨 등의 식물성 섬유나 폴리에스테르, 비스코
스, 레이온 등의 합성섬유는 동물성이 아니다. 새의 깃털 대신
합성섬유로 만든 겨울 외투도 있다. 동물털 스웨터 대신에 면으
로 된 얇은 옷을 여러 겹 입는 것이 더 실용적이고 따뜻하다. 비

싸고 '좋은' 것으로 알려져 있는 가죽 제품은 상대적으로 문제점을 의식하기가 더 어려운데, 다른 동물성 제품과 마찬가지로 매우 잔인하다. 인조가죽의 주재료인 플라스틱으로 인한 환경오염문제에 대안이 되는 파인애플, 버섯, 선인장 등으로 만든 식물성 가죽도 속속 등장하고 있다.

○ **동물성 재료를 사용하지 않고, 동물실험을 하지 않는 화장품과 세안용품 찾아보기**

혹시 화장품이나 샴푸, 치약 등을 새로 사야 한다면 동물실험을 하지 않은 크루얼티 프리 토끼 그림이 표시되어 있는 제품과 비건 브랜드를 찾아서 나에게 필요한 제품이 있는지 확인해 볼 수 있다. 이제는 조금만 검색해도 쉽게 찾을 수 있으며 아직 선택지가 많지는 않지만 필요한 것은 대부분 구할 수 있다. 크루얼티 프리를 찾는 소비자들과 함께 비건 전문 코스메틱 브랜드도 점점 늘어나는 추세이다. 중국으로 수출을 하는 대기업 제품의 경우 중국에서 원한다는 이유로 동물실험을 하는 경우가 자주 있으므로 잘 알아보아야 한다.

INFORMATION

· 책

『동물 해방(Animal Liberation)』 피터 싱어 지음, 김성한 옮김, 연암서가

『동물권리선언(The Animal Manifesto)』 마크 베코프 지음, 윤성호 옮김, 미래의창

『인간과 동물 유대와 배신의 탄생(The Bond: Our Kinship with Animals, Our Call to
Defend Them)』 웨인 파셀 지음, 전진경 옮김, 책공장더불어

『모든 생명은 서로 돕는다』 박종무 지음, 리수

· 영화·다큐멘터리

<지구생명체(Earthlings)>(2005)

<도미니언(Dominion)>(2018)

<휴머니멀(Humanimal)>(2019)

<꼬마돼지 베이브(Babe)>(1995)

<옥자(Okja)>(2017)

<동물실험>(2008), EBS 지식채널e

· 유튜브 채널

애니멀피플, Se-Hyung Cho

· 유튜브 영상

'꼭 한 번은 들어봐야 할 강연-게리 유로프스키', TheAnimalHolocaust
(https://youtu.be/71C8DtgtdSY)

· 브런치

낫아워스: brunch.co.kr/magazine/notours

불필요한 동물 이용을
그만둘 때

동물애호가

◆◆◆

비건을 그저 '동물을 불쌍히 여기고 사랑하는' 감성적인 '동물애호가'라고 오해하는 경우를 종종 본다. 태어나서 처음 본 사람보다야 처음 본 동물이 더 좋은 건 사실이지만 세상 모든 사람을 좋아하지 않듯이 모든 동물을 이유 없이 사랑하지도 않는다. 인육을 먹지 않는 것과 같은 이유로 동물을 먹지 않으며 나의 선택과 소비로 인해 동물들이 착취당하고 고통 받는 것을 원하지 않는다.

사실 많은 사람들은 자신이 동물을 사랑한다고 말한다. 애완동물을 키우는 사람, '진짜' 모피코트를 입고, '티컵' 강아지를 장신구처럼 안고 다니는 사람, 살아 있는 동물을 죽이고 박제해 장식품으로 즐기는 사람, 희귀동물을 밀매해 키우는 사람, 닭싸움이나 소싸움, 경마를 즐기는 사람까지 모두 자신은 동물을 '사랑하기 때문'이라고 한다.

우리와 다른 다양한 동물들의 아름다움과 신비로움에 감탄하고 매료되는 것을 넘은 집착과 소유욕은 '사랑'보다는 끔찍하게 일그러진 일방적인 '탐욕'에 더 가깝다. 우리는 작고 귀여운 동물들을 마치 물건처럼 '갖고 싶어' 하고 구매한다. 그러나 동물은 먹고, 싸고, 소리를 내고, 털이 빠지고, 냄새가 나며 늙고 병이 든다. 이와 같은 불편함과 번거로움을 고민하지 않았던 사람은 쉽게 동물을 사고, 쉽게 버린다. 야생동물을 재미로 죽이고, 보기 좋다며 장식품으로 만든다. 희귀하고 신기하다는 이유로 납치하고 감금해 돈벌이를 위한 구경거리로 전락시킨다.

대부분의 사람은 특별한 이유나 악감정이 없는 한 동물을 해치지 않는다. 때문에 우리가 먹고, 입고, 사용하는 동물들이 적어도 지옥같이 끔찍한 환경에서 고통과 착취에 시달리지는 않을 거라고 지레짐작하며 진실을 외면한다.

언젠가 친구 J에게 산란계의 수평아리는 알을 낳지 못하고, 빨리 살찌지도 않아 '필요'가 없어서 분쇄기에 갈아 죽인다고 말했다. 그러자 J는 어색한 표정을 지었다. "에이~ 거짓말, 설마" 하며 영상을 직접 확인하기 전까지 믿지 않았다. 분쇄기가 아니면 가스로 질식시키고, 쓰레기 자루에 마구잡이로 욱여넣어 죽게 놔두기도 한다. 동물들에게 행해지는 업계의 관행을 하나 둘 알게 될수록 상상도 하지 못한 끔찍함에 치가 떨린다.

전 세계에서 거래되는 소가죽의 대부분은 소를 신성시하는 인도의 소들인데, 소 도축이 합법인 장소까지 음식은커녕 물 한 모금도 주지 않은 채 소들을 때리고 찌르고 신체 부위를 절단하는 등의 고문을 가하며 질질 끌고 간다. 양이 감당할 수 없을 정도의 엄청난 양털이 계속해서 자라는 것은 선택적 교배와 유전자조작으로 만들어진 인간의 '작품'이다. 때문에 양들은 자연스러운 털갈이를 하지 못해 인간이 털을 깎아주지 않으면 제 털 때문에 더워서 쪄죽기도 한다. 털을 깎을 때에도 시급이 아닌 무게로 임금을 받는 시스템으로 인해 노동자들은 버둥거리는 양들에게 욕을 하고 때린다. 겨울옷에 들어가는 동물은 산채로 가죽이 벗겨지고, 깃털과 털이 뜯기는 고통에 비명을 지르고 충격에 벌벌 떤다. 인간은 동물을 '보호해주고, 재워주고, 먹여준다'고 하지만 그들은 '납치당했고, 감금당했고, 자연에서는 먹지 않을 것을 먹어야 한다.' 그들은 인간에게 모든 것을 빼앗긴다.

우리는 동물들을 좋아한다. 우연히 야생의 동물을 만나면 기뻐하고, 더 가까이 다가가 자세히 관찰하기도 한다. 집에서 동물을 키우는 것도, 길고양이를 챙겨주는 것도, 동물원에 가는 것도 사실은 동물에 대한 관심과 애정이 있기 때문이다. 다친 동물을 발견하면 도와주려 하고, 동물 학대를 혐오한다. 우리의 '이익' 때문인 음식이나 옷을 위해 착취하는 동물들을 괴롭히고, 때리고, 죽이는 사실을 듣고 보거나 알려고 하지 않는 것도 아마 비슷한 이유일 것이다. 동물들이 고통받고, 살해당하는 장면을 차마 눈뜨고 볼 수 없다면 그걸 먹는 것에 대해서 다시 한번 생각해보아야 한다. 동물을 진정으로 존중하고, 사랑한다면 그들을 먹을 수는 없다.

무엇을 위한 동물실험인가

◆◆◆

동물실험을 하지 않은 크루얼티 프리 제품을 찾는 사람들은 늘어나고 있지만, 한편에서는 그래도 의학 관련 실험은 인간의 생명을 구하는 일이기에 동물의 희생을 감당해야 한다는 의견은 여전하다. 인간의 유전자와 98%이상 동일하다는 이유로 침팬지와 쥐는 인간의 치료를 위한 연구에 사용되고 있다. 아무리 유전자가 비슷해도 인간을 포함한 서로 다른 동물의 종은 똑같지 않고, 단 1%의 차이로 모든 것이 바뀔 수도 있다.

현재 인간과 동물이 공유하는 질병은 겨우 1.16%으로 알려져 있다. 임상실험에서 동물을 실험에 이용해 동일한 결과를 얻을 확률은 5~10%에 불과하다. 동물실험 통과 신약의 부작용으로 매년 10만 명 이상이 사망한다. 인류를 구원해준 항생제라는 페니실린과 진통제, 해열제로 널리 사용되는 아스피린은 종에 따라 실험동물에 부작용을 일으키기도 한다. 동물에게는 문제가 없어 동물실험을 통과한 탈리도마이드 성분이 들어간 입덧 약을 먹은 임신부들에게서 1만 명이 넘는 기형아가 태어난 사건도 있다. HIV에 감염된 침팬지는 인간과 그 증상이 달라 에이즈 예방 백신 개발에 아무런 도움이 되지 못했고, 침팬지연구에 들어간 수십억 달러가 낭비되었다(『탐욕과 오만의 동물실험』, 레이 그릭).

수많은 동물실험은 '연구'가 아닌 체계적으로 행해지는 잔인하고 극단적인 '고문'이라고 할 수 있다. 토끼 눈알에 화장품이나 살충제, 집안 청소세제 등을 문질러서 부어오름, 염증, 감염, 출혈을 관찰한다. 인간 기준 552병의 음료를 마시는 것에 해당하는 양의 감미제, 인간 기준 하루 5,000잔의 커피를 마시는 것에 해당하는 양의 무카페인 성분을 인간보다 몸집이 훨씬 작은 동물에게 한꺼번에 투여한다. 철창이나 유리로 된 작은 공간에 가두어 잠을 못 자게 하고, 물과 음식을 주지 않으며, 전기충격이나 엄청난 양의 중독성 약물을 투여하고, 마취 없이 배를 가르는 '수술'을 진행한다. 개코원숭이의 손과 발을 묶고 의식이 있는 상태에서 머리에 충격을 가한다. 원숭이를 우주로 보내고, 안전장치 없이 개를 원자폭탄에, 영장류를 핵 방사선에 노출시킨다. 이 같은 고문에서 운좋게 살아남은 동물은 결국 '폐기 처리'된다. 2018년, 국내에서 '사용'된 실험동물은 약 372만 마리이다.

　동물실험으로 알 수 있는 것은 그 동물에 관한 것이지 인간에 대한 것이 아니다. 동물을 이용한 심리학 실험은 동물들이 우리와 같은 정신적·감정적 고통을 겪는다는 것만을 '증명'했다.

　피터 싱어는 『동물 해방』에서 '연구자의 딜레마'에 대해서 언급한다.

· 연구자의 딜레마: 동물이 우리와 같지 않다면 인간을 위한 실험
에 그들을 이용하는 것에 대한 변명거리가 없으며, 동물이 우리
와 같다면 그들에게 실험이라는 명분으로 행해지는 고문은 우리
들 가운데 하나에게 하는 것과 전혀 다를 것이 없는 비도덕적인
행위이다.

병원균을 실험동물에 인위적으로 감염시킨 후 치료했다고
해도 인간에게 적용하기에는 다양한 식습관, 운동량, 환경, 가
공식품 등의 독성 물질 접촉, 스트레스, 유전 같은 변수가 많다.
젊은 성인 남성을 대상으로 진행된 임상실험의 결과가 여성, 아
이와 노인, 임신부에게는 동일하게 적용되지 않기도 한다. 똑같
은 약도 잘 듣는 사람이 있는가 하면 부작용으로 고생하는 사람
도 있다.

오늘날 의학 발전의 대부분은 동물실험보다 임상실험, 의사들
의 환자 관찰, 역학조사와 시체 부검으로 이루어졌다. 엄청난 양
의 고엽제를 뿌릴 당시 베트남에 있던 미군과 주민들에게서 수
많은 기형아가 출생했다. 제2차 세계대전 당시 노르웨이를 점령
한 독일군에 가축을 전부 빼앗겨 채식을 하던 기간에 주민들에
게서 심장질환 등의 질병 발병률이 급격하게 감소했다. 『무엇을
먹을 것인가』의 저자 캠벨 박사는 중국의 여러 지역에서 특징적

으로 발견되는 질병과 식습관의 관계 연구를 통해 동물성 식품의 과도한 섭취가 질병으로 이어진다는 사실을 밝혀냈다.

대부분의 경우 동물실험은 (연관된)특정 단체의 이익을 위해 꼭 '필요'하지 않은 쓸데없는 '실험'으로 동물들을 고문해 고통을 가하고, 연구비와 연구원의 시간을 낭비하고, 각종 독극물과 약물 그리고 상처로 얼룩진 동물의 사체 '폐기물'을 만들어내는 관행이다. 이 때문에 동물실험을 통과하지 못해 인간에게 유용하게 사용될 수 있었던 수많은 성분이 폐기되었을 수도 있다. 동물들을 고문해 '안전성'을 검증받은 독성이 들어간 제품을 대체할 수 있는 자연 성분이 있는지 알아본다. 꼭 필요한 것이 아니라면 굳이 쓰지 않는 것이 좋다. 현대사회에서 새로 생긴 수많은 질병은 건강한 식습관과 생활습관만으로도 예방이 가능하다.

동물원과 생명존중

◆◆◆

지금 우리의 동물원은 인간의 이익 창출을 위한 감옥이다. 동물 '죄수들'은 죄가 없지만 죽을 때까지 감옥을 나갈 수 없다. 동물원이 교육을 위한 곳이라고 하지만 대부분의 관람객은 한 동물우리에 3분 이상 머물지 않는다. 동물원에서 '배우는 것'은 아프리카 초원에 사는 기린이나 얼룩말과 추운 지방에서 사는 북극곰과 남극의 펭귄이 낯선 땅으로 끌려와 갇혀 있다는 것, 하늘을 자유롭게 나는 독수리가 좁은 철창 속에서 날개 한 번 제대로 펴지 못한다는 것, 끝없는 바다를 헤엄치며 파도를 타고 노는 돌고래가 육지 위 수족관에 갇혀 있다는 것이다. 구경꾼들은 동물들의 시선을 끌기 위해 유리창을 두드리고, 큰소리로 부르고, 우리 안으로 물건을 던지기도 한다. 동물원은 순진한 아이들에게 동물을 마음대로 잡아 가두고 함부로 다뤄도 된다고 은연중에 가르치는 곳이다.

동물원이 종의 보존과 연구를 위한 것이라고 하지만 어떤 종이 고립된 생태계에서 존속하려면 최소한 50~500마리 정도의 개체수를 유지해야 한다. 전 세계의 동물원에 갇혀 있는 야생동물들은 원래 살던 곳에서 납치되었거나 다른 동물원에서 태어나 팔려온 경우가 대부분이며 제 수명보다 훨씬 일찍 죽는다. 동물원은 무슨 수를 써도 야생동물들에게 필요한 충분한 환경을 제공할 수 없다. 동물원의 동물들은 정신적·물리적 고통으로 인해 정형행동(반복적이고 지속적이지만 목적이 없는 행동)을 보이며 야생에는 없는 질병으로 고생한다.

종을 보존하기 위해서는 그들과 서식지를 보호하고, 사냥과 야생동물 매매를 금지하고, 환경오염을 줄여야 한다. 연구를 위해서는 그들의 서식지에 찾아가 환경을 파괴하지 않고, 동물들을 방해하지 않으며 관찰해야 한다. 교육을 위해서는 동물들이 갇혀 있는 동물원에 가는 것보다 책과 야생동물 다큐멘터리로 훨씬 많은 것을 배울 수 있다. VR과 컴퓨터그래픽, 로봇 등 빠른 속도로 발전하는 첨단기술을 이용해 '동물 없는 동물원'을 만든다면 동물과 동물원의 관리비용을 아끼며 더 실감나고 아무도 고통받지 않는 놀이교육 공간을 만들 수 있을 것이다.

오랫동안 수없이 많은 동물을 납치, 감금, 관찰, 실험, 해부하면서 그들도 우리처럼 뇌와 신경계, 감각기관이 있으며, 다치고, 병들고, 고통을 느낀다는 것을 증명했다. 굳이 실험을 하지 않아도 지켜보는 것만으로도 동물들에게 얼굴이 있고, 우리와 똑같이 눈으로 세상을 보고, 귀로 소리를 듣고, 코로 냄새를 맡고, 입으로 음식을 먹는다는 것을 알 수 있다. 그들도 우리처럼 가족과 친구가 있고, 감정과 감각을 느끼는 존재라는 사실을 충분히 알 수 있다.

우리는 언제나 인간의 기준으로 동물의 지능을 평가하려 하지만 동물들은 인간이 보지 못하는 것을 보고, 듣지 못하는 소리를 듣고, 맡지 못하는 냄새를 맡는다. 그들은 인간이 모르는 것들을 알고, 인간이 갈 수 없는 곳에 가며, 나름의 방식으로 서로 의사소통을 한다. 그들도 우리와 같이 세상에 적응하고 삶을 이해하며 살아가고 있다. 우리는 동물들이 인간의 아이와 비슷한 인지 능력을 가지고 있다는 것을 밝혀냈지만, 그들을 어린아이를 돌보듯 대하지 않는다. 어린아이와 비슷한 지능과 인간보다 뛰어난 여러 감각을 가진 동물들은 지금 이 순간에도 콘크리트와 쇠로 된 철창에 갇혀 고통에 시달리며 착취당하고 있다.

우리가 가장 지독하게 괴롭히는 소, 닭, 돼지는 원인을 제공하지 않는 한 먼저 공격하거나 괴롭히지 않는다. 인간보다 힘이 훨씬 세고, 인간을 쉽게 죽일 수 있는 동물들마저 굶주림에 시달리거나 인간에게서 위협을 받지 않는다면 이유 없이 인간을 괴롭히거나 죽이지 않는다. 인간을 제외한 다른 동물들은 지구에 함께 살고 있는 다른 생명을 존중한다. 우리가 정말 그들보다 뛰어나거나 지적인 '만물의 영장'이라고 주장하고 싶다면 그들 위에 군림하고, 짓밟고, 착취하지 말아야 한다. 다른 동물들이 자연스럽고 행복하게 살 수 있도록 최대한 피해주지 않으며, 그들의 삶을 방해하지 말아야 한다. 사람이든 동물이든 다른 생명을 존중하는 데 언어나 지능은 중요하지 않다.

6

단계

바닷속에서 일어나는 일에
관심 가져보기

○ **어류와 갑각류 등 바다동물 없는 식사하기: 멸치 육수를 맹물로 바꿔서 주문해보기**

　서양에서 채식을 할 때 가장 피하기 어려운 것이 유제품이라면, 아시아에서 채식을 하는 데 가장 조심해야 할 것은 바다동물일 것이다. 국물을 낼 때는 멸치와 새우를 사용하고 한국인이라면 대부분 좋아하는 김치에도 액젓이나 젓갈이 들어간다. 액젓과 새우 가루, 멸치 가루는 눈에 잘 보이지도 않는다. 식당에 가기 전에 미리 전화로 물어보거나 주문 시 혹시 동물성 육수를 사용한다면 맹물로 해달라고 부탁해본다.

○ **멸치 육수 대신 버섯과 다시마로 채수내기, 젓갈이나 액젓 없이 김치 담그기**

　집에서 요리를 할 때면 마른 멸치나 새우 대신 마른 표고버섯과 다시마로 채수를 내거나 채식 조미료를 사용할 수 있다. 액젓은 국 간장으로 대체할 수 있다. 미국에서 진행된 한 연구에 따르면 젓갈이 들어가지 않은 김치와 들어간 김치의 발효 완료 시점의 유산균 양은 동일했다. 젓갈이나 액젓이 들어가지 않은 김치는 특유의 비린내가 없어 맛이 깔끔하다. 액젓이 들어간 김치의 색깔이 거무튀튀해질 때에도 비건 김치는 예쁜 빨간

색을 유지한다. 감칠맛을 위해 다시마를 우린 물을 넣으면 좋지만, 없어도 충분히 맛있다.

○ 바다 생명체에 관한 정보와 영상 찾아서 보기

바다는 끝없이 드넓고 깊다. 하지만 육지에 살고 있는 우리는 물속에서 편하게 숨을 쉴 수도, 자유롭게 움직일 수도 없다. 때문에 지금까지는 그 속을 자세히 관찰하기도, 바다동물들을 이해하는 것도 어려웠다. 그러나 운이 좋게도 점점 발전하는 기술과 일생을 바쳐 연구한 여러 과학자들이 알아낸 연구결과를 찾아보고, 다양한 지역의 바닷속을 촬영해 설명해주는 전문 다큐멘터리를 볼 수 있게 되어 이전보다 훨씬 많은 것을 알고 배울 수도, 생생한 영상을 직접 확인할 수도 있다.

INFORMATION

• 책

『물고기는 알고 있다(What a Fish Knows)』, 조너선 밸컴 지음, 양병찬 옮김, 에이도스

『바다, 우리가 사는 곳』, 핫핑크돌핀스 지음, 리리

『텅 빈 바다(The End of the Line)』, 찰스 클로버 지음, 이민아 옮김, 펜타그램

• 영화·다큐멘터리

<미션 블루(Mission Blue)>(2014)

<플라스틱, 바다를 삼키다(A Plastic Ocean)>(2016)

<산호초를 따라서(Chasing Coral)>(2017)

<블루 플래닛 2(Blue Planet 2)>(2017)

<마이 옥토퍼스 티쳐(My Octopus Teacher)>(2020)

<블랙피쉬(Blackfish)>(2013)

• 해양환경단체

핫핑크돌핀스: hotpinkdolphins.org

시셰퍼드 코리아: facebook.com/SeaShepherdKR/

그린피스: greenpeace.org/korea/

물속의 동물들

물고기 대신에 물살이

◆▸◀

채식을 한다고 하면 "그럼 생선은?" "멸치 육수는 괜찮지?" "새우는 먹어?"와 같은 질문을 받는다. 먼저 바다동물을 먹는 것은 더 이상 '건강'하지 않고 오히려 위험하다.

『의사들의 120세 건강비결은 따로 있다』의 저자 마이클 그레거는 수은, 다이옥신, 신경독소, 비소, DDT, 푸트레신, 최종당산화물, 폴리염화비페닐(PCBs), 폴리브롬화디페닐에테르 그리고 처방약품을 가장 많이 섭취하는 원천은 수산물이라고 했고,

힐링스쿨을 운영하는 황성수 박사는 중금속 같은 위험한 오염물질이 많은 어류를 먹지 않아도 곡식, 과일, 채소에 들어 있는 식물성 오메가3를 먹으면 우리 몸이 어류가 가진 것과 같은 오메가3를 만든다고 말했다.

어류 속 오염물질로 인한 악영향 중에는 어린이 지능 저하, 정자 수 감소, 우울증, 불안증, 스트레스, 성조숙증 등이 있다. 때문에 특히 임신, 수유중인 여성과 태아, 유아 그리고 성장기 어린이들에게 더욱 치명적이므로 많은 나라에서 이들의 수산물 섭취를 제한한다. 메틸수은은 태반을 통과하고, 폴리염화비페닐은 모유를 통해 몸밖으로 배출된다. DDT는 동물의 지방층에 쌓여서 먹이사슬을 통해 축적된다. 대부분의 어류는 몸에 기생충을 가지고 있고, 후쿠시마 원전 사태 이후 방사능에 오염된 일본의 수산물은 국내에 꾸준히 유통되고 있으며, 근래에는 미세플라스틱까지 합세했다.

좁은 공간에 빽빽하게 갇혀 사육되어 면역력이 낮은 양식 어류는 바이러스나 세균 감염, 기생충에 취약해 공장식 축산처럼 여러 항생제와 살충제를 쓴다. 양식 연어의 경우 그 살점이 인간이 좋아하는 오렌지 빛을 띠지 않아 색소까지 먹인다.

'생선'과 '새우'는 식물이 아니라 동물이다. 사는 곳도, 생김새도 너무 다르기 때문에 우리와 같은 공기를 마시는 육지의 동물에 비해 물속의 동물에 대해서는 더 무지하고 무관심하다. 물 밖으로 끌려나온 물살이는 우리가 물속에서 겪는 것과 비슷한 강도의 고통을 겪는다. 숨이 막혀 뻐끔거리고, 상처에서는 붉은 피가 나오며 물속으로 되돌아가기 위해 파닥파닥 몸부림친다. 그들의 비명소리가 우리 귀에 들리지 않는다고 그들이 느끼는 생생한 통증이 사라지는 것은 아니다.

전 세계의 수많은 연구결과는 어류가 고통을 느끼고 피하려 한다는 사실을 증명한다. 갑각류가 정교한 신경계를 가졌다는 것 또한 밝혀져 스위스는 2018년부터 산채로 랍스터를 끓는 물에 넣어 요리하는 관행과 얼음에 넣어 수송하는 행위를 금지했다. 문어와 같은 두족류는 신경계가 온몸에 분산되어 있어 산채로 신체를 자를 때마다 고통을 느낀다.

이런 사실을 알고 보니 우리가 바다동물을 대하는 태도가 얼마나 잔인하고 끔찍한지 새삼 먹먹해진다. '싱싱한 것이 좋다'며 어항 속의 물살이를 골라 잡아 산채로 회를 뜨고, 많이 팔딱댈수록 신선하다며 좋아한다. 낙지나 오징어를 토막 내 꿈틀꿈틀 움직이는 살점을 씹는다. 살아 있는 대하를 뜨거운 소금 위에서 굽는다. 자연을 파괴하여 만든 좁은 곳에 전국의 양식 산천어를 몰

아넣고 굶긴 후 온갖 방법으로 살육하는 것을 '축제'라며 즐긴다. 먹는 것뿐만 아니라 '취미로' 낚시를 한다. 아무리 죽이지 않고 다시 놓아준다고 해도 이미 동물은 보호점액층이 손상되어 감염에 취약해진다. 낚싯바늘을 빼내는 과정에서 눈알이 짓눌리고, 입주변이 찢어진다. 낚시꾼이 끌어올리지 못하고 놓친 물살이는 낚시 바늘이 입에 끼워진 채로 남은 생을 살아야 한다.

비건이 되고 얼마 뒤, The Vegan Activist(더 비건 액티비스트)라는 이름의 유튜브 계정을 운영하는 마이클과 런던 브릭레인의 비건 이탈리아 한국 식당에서 함께 밥을 먹게 되었다. 이야기를 하던 중 나도 모르게 바다동물을 시푸드(Sea Food)라고 말했다. 이를 들은 그는 안색이 굳어지더니 자기는 그 단어 대신에 시라이프(Sea Life)라고 한다고 알려주었다.

무의식중에 습관적으로 사용하는 단어들은 인간 중심적이고 폭력적이다. 영어 'Fish'는 어류에 더 가깝지만 '물고기'라는 한국말은 물속에 살며 알을 낳는 모든 척추동물을 한순간에 먹을 것으로 취급해버린다. 하늘을 날며 알을 낳는 동물을 하늘고기라고 부르지 않으며, 땅에 사는 동물을 땅고기('육고기'는 비표준어)라고 하지 않는다. 물고기를 물살이로 바꿔 부른다면 그들을 대하는 우리의 시선과 태도도 조금씩 변하지 않을까?

물살이의 능력

◆◆◆

돌고래와 고래 그리고 문어가 똑똑하다는 것은 이제 꽤 많이 알려진 사실이지만, 대부분의 사람에게 물살이는 아직도 '기억력 3초'라는 억울한 누명을 쓴 채 천대받는 신세다. 일반인들에게 어류는 고통을 느낀다는 사실도 거의 인정받지 못하며 종종 '식물'과 비슷한 취급을 받기도 한다. 하지만 그들의 감각과 지능에 관한 증거는 전 세계의 과학자들에 의해 점점 더 많이 밝혀지고 있는데, 그중 몇몇 연구에 따르면 물살이의 기억력은 3초가 아닌 최소 3개월이다.

우리가 개나 고양이보다 다양한 색깔을 보고 구분할 수 있듯이 물살이는 인간보다 한 차원 더 다양한 색깔을 볼 수 있다. 돌출된 귓바퀴는 없지만 물속에서 공기 중보다 4배 빠르게 이동하는 소리를 들을 수 있다. 민감한 후각을 이용해 먹이를 찾고, 짝을 만나고, 위험을 피하고, 집으로 돌아갈 수 있다. 물살이는 맛을 느낄 줄도 알고, 수백 가지 다양한 소리로 의사소통을 한다. 일광욕을 즐기며 다이버에게 물방울을 만들어달라거나 쓰다듬어 달라고 보채기도 한다. 그들은 우리에게는 없는 페로몬을 분비하고 피부의 화학수용체로 그것을 읽고, 자유자재로 피부의 색깔을 바꾸거나 신체의 성별을 바꿀 수 있는 능력을 갖고 있다.

연어는 수천 킬로미터 떨어진 바다에서 길을 잃지 않고 자기가 태어난 강을 찾아간다. 해안가에 사는 어떤 물살이는 물이 들어왔을 때 조간대의 지형을 모조리 암기해 근처의 안전한 웅덩이로 정확히 점프한다. 입으로 물총을 쏘아 곤충을 떨어뜨려 잡아먹거나 새를 잡아먹는 물살이도 있다. 누군가는 그것은 지능이 아니라 본능이라고 한다. 하지만 이들을 오랫동안 관찰하고 연구한 과학자들에 따르면 같은 종의 모든 물살이가 다 똑같은 기술을 가지고 태어나는 것이 아니라, 뛰어난 동료의 사냥기술을 관찰하고 습득한다고 한다. 따라서 더 많이 연습한 물살이가 그렇지 않은 물살이보다 더 뛰어나다. 이런 그들의 학습 능력을 이용해 물살이가 고리 안을 통과하고 장애물을 비켜가는 묘기를 하는 등의 훈련까지 가능하다.

물살이에게도 눈코입이 있지만 좀처럼 표정을 읽을 수 없어 우리는 그들에게 감정이 없을 것이라고 지레짐작해버린다. 과학자들에 따르면 감정은 호르몬과 밀접한 관련이 있으며 물살이의 신경내분비 반응은 사실상 인간과 동일하다. 다시 말해 그들도 우리와 동일한 감정을 느낄 수 있다.

인류 진화의 기원을 따라 올라가면 어류가 있다고 한다. 생각보다 우리는 그들과 많이 다르지 않다. 공포와 쾌감을 느끼고 놀이를 즐기며, 유연하고 호기심이 많으며 사회적이다. 다양한 종류의 물살이가 떼를 지어 다니는데, 셀 수 없이 많은 물살이가 마치 한 마리인 것처럼 자유자재로 움직이고, 흩어지고 다시 뭉치는 것은 구성원 간 소통과 협조가 잘 이루어지지 않는다면 불가능한 일이다. 종이 다른 물살이들도 서로 도우며 어우러져 산다. 청소를 받는 몸집이 큰 물살이는 청소부 물살이를 잡아먹는 법이 없다. 연구에 따르면 청소부 물살이가 많은 산호초에는 그들을 살펴보다가 청소를 더 잘하는 물살이를 골라 찾아가는 고객도 있다.

어류는 땅 위에 포유류가 나타나기 전부터 공룡이 멸종하는 동안에도, 그리고 지금까지 살아 있다. 우리가 쉽게 오해하는 것 중 하나가 진화를 한다고 전 단계에 있는 동물이 진화가 덜 되었다고 생각하는 것이다. 하지만 모든 지구생명체는 지금 이 순간에도 서로 방향만 다를 뿐이지 계속해서 진화하고 있다. 그렇다면 어류는 우리보다 훨씬 진화 경험이 많은 살아 있는 조상이라고 할 수 있다.

어류 전문가 조너선 밸컴은 그의 저서『물고기는 알고 있다』에서 물살이는 단지 지각만 있는 것이 아니라 의식수준이 높고,

의사소통을 하며, 사회성이 있고, 도구를 사용할 뿐만 아니라 도덕적이기까지 하다며 극찬한다.

생명력을 잃어가는 바다

◆◆◆

광활한 바다를 바라보고 있으면 한없이 작은 인간이 어떻게 감히 바다에 영향력을 행사할 수 있을지 의심이 든다. 물살이를 아무리 잡아도 계속해서 잡을 수 있을 것만 같고, 해양생태계를 파괴해도 금방 회복될 것 같고, 인간이 만든 독성 폐기물을 버려도 크게 오염되지 않을 것만 같다.

* 상업 어업은 세계 어류종의 약 70%를 고갈시켰고, 1950년 이후 어장 붕괴 사례도 꾸준히 늘고 있다. 국내 수산물 어획량은 1986년 가장 많은 173만 톤에서 매년 감소해 2016년 전년 대비 13.4% 감소한 91만 6,000톤이었다.

* 상업 어업: 음파탐지기, GPS, 상세 해저지도를 이용해 어류를 추적하며 정찰기나 헬기까지 동원한다.

* 트롤어선(저인망 어선) 어업: 바다 바닥의 어류를 잡는 목적으로 촘촘하고 거대한 끌그물로 해저 바닥을 질질 끌며 해저 생태계를 파괴한다. 한 번 파괴된 산호초가 회복되려면 수만 년이 걸린다.

* 부수 어획: 의도치 않게 '얻어 걸린' 바다생물을 말한다. 예를 들어 새우 0.5kg를 잡을 때 기타 어류, 거북, 고래류, 바다포유류, 바닷새 등의 바다생물 12kg이 잡히는데, 대부분은 죽고, 바다에 버려진다.

* 인간이 먹는 '식용 어류'는 버려진 생물들을 제외하고도 어획된 양의 20% 이하이고, 나머지는 산업용, 양식어와 가축의 사료로 쓰인다. 대부분이 육식 어류인 양식어 1kg을 생산하는 데 야생어류 3kg이 먹이로 사용된다.

더 이상의 어장 붕괴를 막기 위해 국제조약을 만들어도 모든 바다를 감시할 수 없다. 때문에 불법, 비보고, 비규제 어업이 성행하며 청산가리나 다이너마이트를 사용해 생태계를 무분별하게 파괴, 오염시키는 어선까지 있다. 자연수명이 20~40년이나 되지만 성체는 우리가 이미 알까지 다 잡아먹어 버려서 어린 물살이들만 남아 있는 지금 바다에게 필요한 것은 '지속 가능한 어업'이 아니라 아예 어업을 하지 않는 것이 아닐까?

바다는 자정 작용을 통해 회복할 수 있다. 그걸 방해하는 건 인간과 인간이 만들어낸 쓰레기뿐이다. 전 세계의 인간들은 1960년대까지 산업 공정에서 발생한 각종 쓰레기를 마음대로 바다에 버려왔다. 그러다 1972년이 되어서야 문제점을 깨닫고 런던협약으로 쓰레기의 해양 투기 금지를 약속했다. 1993년 런던협약에 가입한 한국은 부끄럽게도 1988년부터 2012년까지 바다에 버려진 각종 산업 폐수, 가축 분뇨, 음식물 쓰레기 침출수, 고농도 중금속을 함유한 하수 찌꺼기 등 무려 1억 3,000만 톤의 폐기물을 모른 척하며 허용했다.

뿐만 아니라 바닷속과 주변 생물들은 어선과 해상 화물선, 군 잠수함 등이 만드는 각종 공해에까지 시달린다. 근해 양식장에서 발생하는 폐사한 양식 어류, 사료 찌꺼기, 배설물, 예방 약품의 사용, 치료용 항생제 같은 화학물질은 주변 바다로 퍼져나가 수질을 오염시켜 바다생물에 피해를 주고, 생태계를 파괴한다.

공장식 축산에서 나온 폐수가 흘러든 바다는 산소 농도가 낮아져 근방의 물살이가 떼죽음을 맞는다. 유조선 사고가 나면 근처의 바닷새와 바다동물들이 죽고, 환경이 오염된다. 과도한 인간 활동으로 인한 기후변화로 바다의 산성화는 안 그래도 이미 세계적으로 50% 이상 감소한 산호초를 위협한다. 바닷속의 열대우림이라고 불리며 생명 다양성의 보고인 산호초가 사라지면 작은 생물군부터 차례로 무너지게 된다.

수많은 전문가들은 우리가 지금과 같이 계속해서 해양 생태계를 동시다발적으로 파괴하는 것을 멈추지 않는다면 2048년에는 바다 속에 물살이가 남아나지 않을 것이라고 예측한다. 밖에서 보기에는 그저 넓게 펼쳐진 물과 파도 뿐이지만, 그 속엔 수많은 생물들과 그들의 세계가 존재한다. 그리고 그 세계는 우리가 아는 것보다 더 깊이 육지의 삶과 연결되어 있다. 바다와 바다 생명체들이 무사하지 못한다면 우리의 삶도 결코 안전할 수 없다.

7

단계

생명존중의 범위 넓혀가기

○ 꿀과 밀랍 등 벌꿀이 사용된 것 소비하지 않기

각종 벌꿀과 꿀이 들어간 식품, 비즈왁스라고도 하는 밀랍을 사용하는 화장품, 양초 같은 제품, 건강식품으로 팔리는 로열젤리나 프로폴리스 등 꿀벌 착취로 만들어진 제품들이 무궁무진하다. 우리는 이런 성분들이 더 이상 '필요'하지 않다. 설탕이 없었을 때 당분을 섭취하기 위해서 먹었던 꿀은 그 당시에는 유용하게 사용된 재료였지만, 지금은 다양한 대체품이 넘쳐난다. 물엿, 메이플(Maple) 시럽, 아가베(Agave) 시럽, 대추야자(Date) 시럽, 코코넛(Coconut) 설탕, 비정제원당(Raw Cane Sugar), 마스코바도(Mascobado) 설탕, 스테비아(Stevia) 등 당분 섭취는 그 어느 때보다 쉬워졌다.

○ 팜유가 포함된 제품 소비 피하기

팜유가 무엇인지 모르는 사람들도 팜유를 거의 매일 먹고, 사용하고 있다. 팜유는 라면부터 과자 같은 각종 가공식품은 물론, 비누나 화장품에도 들어 있다. 가공식품의 성분표를 확인해본 사람이라면 팜유, 팜오일, 팜올레인유, 야자유, 식물성 유지 등의 이름을 보았을 것이다. 비건 표시를 하고 파는 제품에도 팜유가 들어 있는 경우가 자주 있다. 가공식품의 섭취가 잦다면 팜유를 피하기가 쉽지는 않을 것이다. 하지만 다시 생각해보면 팜유를 피하는 것으로 가공식품의 소비와 섭취를 줄일 수 있다.

○ 우리 집에 들어온 벌레, 죽이지 말고 산채로 내보내 주기

집 안에 들어온 벌레를 반기는 사람은 거의 없다. 특히 여름 밤 귓가에서 앵앵대는 모기를 죽이지 않는 건 엄청난 인내가 필요하다. 하지만 벌레 또한 매우 당황스럽고 무서울 것이다. 제 몸의 수천 배가 넘는 거대한 동물이 소리를 지르고, 자기를 죽이려고 날뛰는 모습을 보는 것은 얼마나 두려울까? 인간에게 해를 끼치고 싶어서 계획적으로 인간의 집에 들어오는 곤충은 없거나 아주 적을 것이다. 곤충을 잡아서 죽이는 대신에 투명한 컵과 종이 혹은 벌레 방생도구를 이용해 산채로 잡아서 내보내 준다면 생명을 죽이지 않고도 집에서 제거할 수 있다.

• 책

『벌, 그 생태와 문화의 역사(The Bee: A Natural History)』, 노아 윌슨 리치 지음, 김승윤 옮김, 연암서가

『녹색동물』 손승우 지음, EBS MEDIA 기획, 위즈덤하우스

• 영화·다큐멘터리

<벌, 사라지다>(2013), <인도네시아, 사라져가는 숲의 기록>(2015), EBS 하나뿐인 지구

<부패의 맛(ROTTEN): E01 꿀>(2018), Netflix

<꿀벌의 죽음, 풍요의 종말>(2017), 춘천MBC

• 유튜브 영상

'Why don't vegans eat honey?', Earthling Ed(EN)(https://youtu.be/clMNw_VO1xo)

'Is Honey Vegan? Healthy? Humane?', Bite Size Vegan(EN)(https://youtu.be/E0N8UYgMGDQ)

'팜유 이야기', 이기적인 케이틀린 Selfish Kaitlyn(https://youtu.be/pYO783lCAc0)

괜찮지 않은 것들

벌꿀과 꿀벌

◆◆◆

벌꿀은 '건강에 좋은' 자연의 당분이자 천연식품으로 알려져 기원전 7000년경부터 지금까지 다양하게 널리 사용되고 있다. '벌이 밀봉한 꿀은 시간이 지나도 썩지 않는다', '로열젤리는 여왕벌을 일벌보다 수십 배 오래 살게 해주는 장수의 비결이다', '프로폴리스는 천연 항산화제이다', '벌꿀은 맛도 있고 영양가도 있다.' 이는 모두 벌에게 해당되는 사실이고, 우리는 벌이 아니다. 우리는 벌꿀이 없어도 죽지 않지만, 벌은 벌꿀이 없으면 죽는다.

많은 사람이 간과하지만 곤충은 우리와 유사한 뇌와 신경계 구조를 가진 감정과 고통을 느끼는 동물이다. 그리고 이 동물은 벌꿀을 향한 인간의 탐욕에 착취와 혹사를 당한다. 수벌의 정액을 뽑아 여왕벌에 강제로 '인공수정'을 하고, 여왕벌이 도망가지 못하게 날개를 자르기도 한다. 수만 마리의 벌들은 매일 바쁘게 꽃을 찾아다니며 모은 꽃 꿀과 가루를 집으로 가져가 삼켰다 토해내기를 여러 번 반복해 꿀을 만든다. 인간은 그들의 집에 독한 연기를 가득 채워 벌들을 내쫓고, 벌의 생존을 위한 필수 식량인 꿀을 빼앗고 그 자리를 질 낮은 설탕물로 채운다.

꿀벌은 굉장히 사회적이고 민주적인 동물이다. 꽃 꿀과 가루를 따오는 벌뿐만 아니라, 애벌레와 벌집을 청소하고 관리하는 벌, 식품을 가공하는 벌, 천적을 막아내고 입구에서 출입을 통제하는 경비 벌, 먹이가 있는 곳을 발견하고 공유하는 정찰 벌 등 각자 제자리에서 맡은 일을 야무지게 해낸다. 특히 정찰 벌은 언어를 사용해 동료들에게 먹이가 있는 곳의 방향과 거리를 놀랍도록 정확하게 알려준다. 태양의 위치를 기준으로 방향을 인지하는 벌은 태양의 이동에 맞춰 현재 위치를 정확하게 반영한 정보를 공유한다. 나에게 가장 흥미로웠던 사실은 여왕벌과

일벌들이 전부 여성이라는 점이었다. 여왕벌은 한 번의 짝짓기로 정자를 저장해 필요할 때마다 알을 낳는다. 이때 수정된 알은 암벌이 되고, 수정시키지 않은 알은 수벌이 되어 짝짓기에 이용된 다음 버려진다.

"그래도 벌꿀이 설탕보다는 좋은 게 아닌가?" 요즘에 밝혀지는 사실을 보면 더 이상 벌꿀이 설탕보다 크게 낫다고 할 수는 없어 보인다. 우리 몸에 들어오면 설탕이나 벌꿀이나 당분으로써의 작용은 크게 다르지 않으며, 둘 다 많이 먹으면 해로운 것은 마찬가지다. 꿀은 건강에 해로운 동물성 단백질, 당, 설탕에는 없는 지방으로 이루어져 있어 설탕보다 칼로리가 더 높고, 현재 세계 75% 이상의 벌꿀에서는 살충제 성분이 발견되고 있다.

폭발적으로 늘고 있는 세계 인구와 함께 벌꿀의 수요량은 점점 늘고 있지만 벌꿀 생산량은 꿀벌의 개체수와 함께 줄어들고 있다. 최근 수십 년간 전 세계적으로 꿀벌들이 사라지고 있다. 국내에서는 2009년 말 낭충봉아 부패병이라는 바이러스성 질병으로 국내 38만군이었던 토종벌이 2만군만 남긴 채 절멸했다. 꿀벌이 사라지면 과실이 제대로 맺지 못한다. 미국농무부(USDA)에 따르면 전 세계 주요 100대 농작물의 71%가 꿀벌의 수분에 의지하고 있다. 과일 농사를 지을 때 벌이 없어 사람이 직접 화수분을 할 경우 인건비와 시간이 많이 들 뿐만 아니라 과일의 당도와 품질이 현저히 떨어진다. 꿀벌이 사라지면 벌꿀만 사라지는 것이 아니다. 꿀벌에게 의존하는 식물의 대부분도 함께 사라진다. 식물이 사라지면 그에 의존하는 작은 곤충과 동물들부터 점점 큰 동물들마저 사라져 생태계에 큰 혼란이 오게 되고 인간도 그것을 피할 수는 없다.

"벌이 그렇게 중요하다면 벌을 더 많이 키워야 하고, 그러면 벌꿀을 소비해야 하는 게 아닌가?" 야생에는 야생벌이 있다. 너무 많은 '가축' 꿀벌은 야생벌에게 위협이 된다. 야생벌이 사라지면 야생식물도 사라진다. 벌을 지키기 위해서 우리가 할 수 있는 일은 더 많은 벌을 키워서 꿀을 뺏어먹는 것이 아니라, 지나친 개발을 막아 자연 생태계와 생물종의 다양성을 지키는 것이다. 그리고 농약과 살충제 사용을 최소한으로 줄인 친환경 농사를 짓고, 다양한 꽃과 나무를 심어 그들이 살기 좋은 환경을 만들어주는 것이다.

크루얼티 팜유

◆◆◆

비건이 되고 성분표의 확인을 시작하기 전까지는 대부분의 가공식품에 들어 있어 매일 먹고 사용하는 팜유가 뭔지 몰랐다. 팜유는 야자열매에서 추출한 기름으로 대량생산이 쉽고, 상온에서 고체를 유지하는 성질 때문에 저장과 이동이 다른 기름보다 용이하고 저렴하다. 때문에 대기업을 중심으로 많은 제품에 널리 사용되고 있다. 대부분의 과자와 가공식품에 들어 있고, 거의 모든 라면은 팜유에 튀긴다. 수많은 화장품과 세제의 재료, 바이오 연료 제조에까지도 이용된다. 하지만 현재 '우리의 팜유'에는 포화지방산이 많아 동맥경화나 심장병을 유발할 수 있다는 것 이외에도 치명적인 단점이 존재한다.

계속해서 늘어나는 수요를 충족시키기 위해 대규모 단일작물 플랜테이션 팜유 농장을 만들 때 흔히 사용되는 방법은 가장 저렴하다는 이유로 열대우림과 이탄습지에 불법으로 진행되는 화전이다. 세계 팜유의 80~90%를 생산하는 인도네시아와 말레이시아의 열대우림은 코끼리, 호랑이, 코뿔소, 표범 등 전 세계 생물종의 절반 이상이 서식하는 생물종 다양성의 보고이다. 하루 대부분의 시간을 나무 위에서 보내는 야생 오랑우탄은 보르

네오와 수마트라섬의 원시림에서만 발견되지만, 팜유 산업의 횡포로 파괴된 서식지에서 매년 수많은 오랑우탄이 불에 타죽거나 팔다리가 잘리고 어미를 잃는 등 인간의 손에 죽거나 잡혀서 팔려간다. 1990년 이래 인도네시아의 31만 제곱킬로미터에 달하는 열대우림이 팜유와 펄프 플랜테이션으로 파괴되었는데, 이는 말레이시아 전체 면적 또는 남한의 3배에 달하는 크기이다. 1999년 20~30만 마리였던 오랑우탄은 2015년 7~10만 마리로 절반 이상이 사라져 심각한 멸종 위기 종이 되었다. 이대로라면 수년 안에 야생 오랑우탄은 영영 사라져버릴 수도 있다.

특히 유럽에서 많이 사용되는 '친환경 연료', 바이오디젤의 원료로 팜유가 많이 사용된다. '친환경' 연료를 만들겠다고 '지구의 허파'라고 불리는 어마어마한 양의 이산화탄소를 흡수하는 열대우림과 전 세계 토양 탄소량의 3분의 1을 저장하는 이탄습지를 개간해서 파괴한다. 1시간에 축구장 300개에 맞먹는 면적의 열대우림을 태우는 산불은 수 주일에서 수개월 동안 계속되는데, 이때 온실가스를 방출하고 대기오염을 일으켜 먼지나 화학물질과 결합해 근방 주민들에게는 호흡기질환을 유발한다. 환경을 오염시키고 파괴하면서 만든 연료를 정말 '친환경'이라고 부를 수 있을까?

열대우림에는 그 안에서 자급자족하며 사는 유목 원주민들이 있다. 이들에게 숲의 파괴는 삶의 터전의 상실을 뜻한다. 갈곳을 잃은 이들은 살아남기 위해 어쩔 수 없이 팜유농장에서 일하는데, 10미터가 넘는 팜유나무와 거대하고 무거운 팜유 과일을 수확하는 일은 위험하고 힘도 많이 든다. 그럼에도 불구하고 생활에 필요한 최소한의 임금을 받기는커녕 '하루 할당량 1톤'을 채우기 위해 어린아이들까지 동원되어 노예처럼 부려지는 경우가 대다수이다. 팜유 농장에서 사용하는 제초제와 살충제는 수로를 타고 강과 토지를 오염시켜 주민들의 생활용수인 강물을 더 이상 사용할 수 없게 만들고, 화학비료와 팜유 공장의 폐수는 주변 환경을 오염시킨다.

가끔 간식이 먹고 싶을 때 먹던 오레오, 비건 표시가 붙어 있는 제품과 과일 채소 칩에도 팜유가 들어 있다. 가공식품에서 동물성 성분이 들어간 것을 피하면 이미 선택지는 절반 이하로 줄어든다. 그 안에서 팜유가 들어 있다고 표시된 것(팜커널, 팔미트산, 식물성 유지나 알 수 없는 이름으로 표기되는 경우도 많음)을 제외하면 남는 것은 아예 없거나 다섯 손가락 안에 꼽게 된다. 때문에 혹시 너무 큰 부담감을 느낀다면 일단 동물성 성분을 먼저 피하는 것에 집중한다. 그리고 조금 더 준비가 되면 팜유도 함께 줄이는 것을 추천하고 싶다. 팜유는 우리 생활 곳곳에 침투해 있지만 그래도 가공식품에 더 많이 사용된다. 팜유 소비를 피하면 자연스럽게 가공식품을 피하게 되어 건강과 환경에도 좋고, 꼭 필요하지 않은 지출을 줄일 수도 있다.

생명을 먹는 것과 죽음을 먹는 것

◆◆◆

"시체를 숨기기에 가장 좋은 장소는 식탁 위이다."

식물은 가지가 잘리고, 뿌리가 뽑히는 수확을 거친 뒤 시장에 내다 팔리고, 장바구니에 담겨 집으로 오고 나서도 며칠, 그 이상을 '살아 있다.' 채소나 과일은 신선하고 싱싱하다. 살짝 시들어도 물에 담가놓으면 이내 생기를 되찾는다. 시간이 지나면 의도하지 않아도 감자에 싹이 난다. 양파 뿌리를 물에 담가놓으면 뿌리가 자라고 새싹이 돋는다. 당근이나 무의 꼭지 부분을 잘라 물이 담긴 그릇에 넣으면 싱그러운 초록 잎이 자란다. 과일을 먹고 씨앗을 물에 불리면 작은 뿌리와 싹이 나온다. 반면에 동물의 살점은 동물이 죽어야지만 얻을 수 있다. '고기'에는 동물의 죽음과 부패만이 존재한다.

물론 식물도 먹기 위해 열을 가하고, 소금에 절이면 더 이상 뿌리나 새싹이 나오지 않는다. 때문에 누군가는 생채식을 하는 것이 좋다고 주장하며 최대한 가열하지 않고 있는 그대로의 식물 위주로 먹기도 한다. 대부분의 경우 우리는 과일을 생으로 먹는다. 특별히 익혀 먹는 몇 가지를 제외하고는 오이, 당근, 파프리카 같은 채소는 생으로 먹을 수 있다. 반면에 '고기'의 경우는 대부분 다양한 방법으로 양념을 하고 열을 가해 먹을 수 있게 만들려고 갖은 노력을 한다. 간혹 동물의 살점이나 알을 날것으로 먹는 것을 즐기는 경우에도 대부분 양념을 하며, 날것을 먹는 경우는 익힌 것을 먹는 것에 비하면 극소수이다.

식물은 상하거나 썩으면 색깔이 변하거나 물러져 쉽게 알아채고 섭취를 피할 수 있다. 반면에 동물이 죽는 그 순간부터 부패가 시작되는 동물의 살점은 정도의 차이만 있을 뿐, 상하고 썩는 것은 같다. 때문에 부패를 최대한 늦추기 위해 방부제가 사용되기도 한다. 식물성 식재료는 빨강, 노랑, 초록, 보라 등의 다양한 색으로 시선을 끌지만, '고기'는 칙칙하게 변하며 썩어간다. 때문에 그것을 숨기기 위해 화학염료가 사용되기도 한다. 식물은 각각 싱그러운 향기를 내지만 '고기'는 비린내, 누린내와 같은 잡내를 풍긴다. 하지만 이를 가리는 일은 그것을 먹기 위해 조리하는 사람의 몫이다. 아무리 감추고, 멈추려고 노력해봐도 시체가 썩는 것을 막을 수는 없다.

"You Are What You Eat(당신이 먹는 것이 곧 당신이다)." 우리가 먹는 것은 우리의 몸속으로 들어가 말 그대로 '피가 되고 살이 된다.' 피부세포, 미각세포, 장기세포, 심지어 뼈의 세포까지 일정한 주기로 계속해서 다시 태어난다. 좋은 원재료를 사용하면 좋은 제품이 나오는 것처럼 좋은 음식, 우리 몸이 필요로 하는 음식을 먹어야 진정으로 건강할 수 있다.

몸에 맞지 않는 음식을 먹어서 병에 걸린 사람이 채식을 하고 호전되었다는 사례를 국내외에서 많이 볼 수 있다. 2주만 균형 잡힌 자연식물식을 해보면 전보다 훨씬 건강해진 것을 직접 느낄 수 있다. 채식을 하는 사람들은 실제 나이보다 어리고 건강해 보이며, 오래 사는 것이 여러 연구결과로 증명되었다. 태어나기도 전부터 고통과 스트레스에 시달리고 병든 동물을 먹는 사람이 과연 스트레스와 병으로부터 자유로울 수 있을까?

식물을 먹는 것으로 나의 건강과 동물의 생명뿐만 아니라 다른 사람들과 자연환경까지 살릴 수 있다. 미국 농무부 경제연구소의 분석에 따르면 소고기 1kg을 얻으려면 곡물 16kg이 필요하다. 한 사람이 먹을 '소고기'를 만들기 위해 들어가는 곡물을 직접 섭취한다면 적어도 16명의 사람이 먹을 수 있다. 뿐만 아니라 소가 살 수 있으며, 소와 소에게 먹일 식물을 키우는 데 드는 자원을 아끼고 불필요한 환경 파괴를 멈출 수 있다.

잘 익은 과일을 보면 군침이 돌며 빨리 먹고 싶어진다. 방금 죽임을 당해 피투성이가 된 동물의 시체를 보면 식욕을 잃는다.

"내 몸은 무덤이 아니라 텃밭이다."

8

단계

동물들 자세히
관찰해보기

○ **같이 사는 동물, 길고양이 등 우리 주변에 사는 동물을 지켜보기**

주변의 동물을 관찰해본다. 집에 같이 사는 동거동물이 있다면 더 오래 자세히 관찰해볼 수 있다. 일어서서 내려다보는 것이 아니라 몸을 낮추고 동물의 눈높이에서 바라본다. 그냥 '귀여워하는 것'이 아니라 어떻게 밥을 먹고, 어떻게 잠을 자고, 어떤 행동을 하고, 좋아하는 것과 싫어하는 것이 무엇인지 그들의 눈빛과 몸짓을 보고 유추해본다. 동거동물이 없다면 동물과 함께 사는 친구에게 허락을 받거나 동네의 길고양이, 공원이나 산의 새와 다람쥐를 관찰할 수도 있다.

○ **동물 다큐멘터리 보기**

조금만 찾아보면 자연 속 야생동물들이 그들의 서식지에서 살아가는 모습을 촬영한 다큐멘터리가 꽤 많이 있다. 어디에서 태어나고 살아가는지, 무엇을 어떻게 먹는지, 혼자서 혹은 무리지어 생활하는지도 볼 수 있다. 전문가들이 오랜 시간 동물들을 찾아다니고 잠복해서 촬영한 순간들은 우리가 그곳에 간다고 해도 쉽게 목격할 수 없으며, 동물원에서는 절대로 볼 수 없는 모습이 많다. 게다가 점점 발전하는 기술 덕분에 마치 눈앞에 있는 것처럼 선명하고 생생하기까지 하다. 동물을 정말 좋아

하고 그들에 대해서 알고 싶다면 이런 영상을 보는 것만으로도
충분히 배울 수 있다.

○ 비질(진실의 증인되기) 참가하기, 동물보호소 봉사활동 하기

비질(Vigil), '진실의 증인되기'란 사람들이 모여 도축장, 농장
등을 방문해 현재 육식주의 사회가 무엇을 가리고 있는지를 목
격하고 기록하여 이를 더 많은 사람과 공유함으로써 폭력적 현
실의 증인이 되는 것을 의미한다. 누구나 참여가 가능하며 참가
신청은 트위터, 인스타그램, 페이스북의 '서울 애니멀 세이브'를
통해 신청서를 작성한 후 참여할 수 있다. 비질 장소에 가서 현
실을 있는 그대로 지켜보기만 하면 된다. 비질이 너무 멀다면
주변의 동물보호소를 찾아가 봉사활동을 할 수도 있다.

• **책**

『동물을 먹는다는 것에 대하여(Eating Animals)』, 조너선 샤프란 포어 지음, 송은주 옮김, 민음사

『동물의 감정: 동물의 마음과 생각 엿보기(The Emotional Lives of Animals)』, 마크 베코프 지음, 김미옥 옮김, 시그마북스

『생명이 있는 것은 다 아름답다』, 최재천 지음, 효형출판

• **영화·다큐멘터리**

<잡식가족의 딜레마>(2015)

<지구의 밤(Night on Earth)>(2020)

<제인 구달(Jane)>(2017)

<우리의 지구(Our Planet)>(2019)

• **동물권 단체**

동물해방물결: donghaemul.com

직접행동DxE: facebook.com/dxekorea/

동물권단체 무브MOVE(진실의 큐브, 비건캠프): move-animalrights.org

서울애니멀세이브(비질): facebook.com/seoulanimalsave/

동물권행동 카라(KARA): ekara.org

동물권단체 케어(CARE): fromcare.org

불쌍해서 안 먹는 것이 아니다

동물과 사람동물

◆◆◆

우리 집에서 10년 넘게 같이 살고 있는 간장이를 보며 가족들은 '사람 같다'는 말을 많이 한다. 하품, 재채기, 딸꾹질, 트림을 하고, 방귀를 뀌고, 코를 골고, 잠꼬대도 한다. 아기 때는 피부병과 폐렴을 앓았고, 유치가 빠지고 영구치가 났다. 다치면 피가 나고, 아프다고 운다. 따뜻하고 부드러운 애가 푹신하고 포근한 것을 좋아한다. 우리를 열렬히 반겨주고, 기쁘면 폴짝폴짝 뛰고, 고개를 돌려 좋고 싫음을 알려준다. 슬퍼할 때는 옆에

앉아 눈물도 닦아준다. 사랑받는 걸 좋아하고, 사랑을 아낌없이 표현한다. 간장이는 눈빛, 몸짓, 소리로 의사표현을 한다.

어떤 동물이든 곁에서 오래 지켜보고 잘 알게 되면 그들의 '사람 같은' 모습과 능력에 놀라게 된다. 닭은 예민하고 사회적인 동물로 24~30가지 다른 소리로 의사소통을 하고, 최대 약 90마리까지의 무리 안에서 쪼기 서열(Pecking Order, 우열순서)을 정해 각각의 얼굴과 서열을 기억하며, 시간의 차이를 인지하고 간단한 연산도 할 수 있다. 알 속의 병아리에게도 태교를 하는 어미닭은 새끼를 지키기 위해서라면 육식을 하는 새에게도 맹렬히 맞선다. 암탉에게 뿔닭의 알을 주었더니 부화시켜 자신은 먹지 않는 뿔닭 병아리의 먹이를 먹게 했고, 오리 알을 주었더니 부화시켜 물가로 데려가 헤엄치도록 유도했다는 관찰연구결과도 있다(『육식, 건강을 망치고 세상을 망친다』, 존 로빈스).

돼지는 피부의 땀구멍이 퇴화되어 몸에 진흙을 묻혀 체온을 유지하고 피부에 붙은 해충을 제거한다. 이들은 물과 흙에 접근할 수 없고 오물을 제때 치워주지 않는 곳에서는 오물을 이용해서라도 체온조절을 한다. 공간이 충분하다면 화장실을 정해놓고 그곳에서만 배변을 하고, 필요한 만큼 먹으면 더 이상 먹지 않는다(빨리 살을 찌워 '고기'로 파는 것이 목적인 축산업계의 돼지는 식욕

촉진제를 맞거나, 아무것도 할 수 없는 좁은 공간에 갇힌 스트레스로 인한 섭식장애로 끊임없이 먹기도 한다). 돼지는 개보다 영리하고 냄새도 더 잘 맡는다. 언어를 사용하고, 단어를 기억하고, 미로를 풀고, 퍼즐을 맞추며, 공감을 잘하고, 애정이 넘치고, 감정이 풍부하며 사교적이다.

소는 감수성이 풍부하고, 상냥하며, 온화하고 태평하다. 너무 순하고 느긋해서 소싸움이나 투우에서도 절대 먼저 싸우는 법이 없어서 인간은 그들을 놀라게 하거나 고통을 주며 괴롭힌다. 덩치가 크기 때문에 집안에서 키우지 못하는 것뿐이지 소는 거대한 강아지 같다. 송아지는 명랑하고 장난을 좋아하며 풀밭에서 자기가 좋아하는 풀을 골라서 뜯어 먹고, 점프하고 뒹굴며 논다. 어미 소는 새끼와의 유대가 아주 끈끈한 것으로 유명한데, 팔려간 새끼를 찾아 농장을 탈출해 먼 거리를 걸어가거나 송아지를 숨겨놓고 몰래 젖을 물린 일화도 있다.

우리는 동물의 행동을 보고 '사람 같다'고 하며 생각보다 똑똑하다며 신기해하고, 사람을 욕할 때 '동물'이라고 한다. 그러나 일반적으로 동물은 사람보다 나을 때가 더 많다. 동물은 삶에 꼭 필요한 것을 알고 있다. 보금자리를 만들고, 물이 있는 곳을 알고, 무엇을 먹거나 먹지 말아야 하는지 알고 있다. 동물들은 다른 동물이 예쁘다고 죽여 박제로 만들거나, 가두어 구경하지도 않고, 어미에게서 새끼를 빼앗아 키우지도 않는다. 불필요한 실험을 하기 위해 고문하고 죽이지도 않는다. 다른 동물이 더럽고 싫다고 박멸하려 하지도 않으며, 탐욕에 휩싸여 자연을 파괴하고 정복하려고 하지도 않는다.

사람동물도 다른 동물들처럼 생존을 위해서는 오염되지 않은 공기와 흙, 물과 땅에서 자라는 먹이가 필요하다. 인간도 동물들도 모두 지구의 환경에 의존해서 살아가는 지구 생명체이다. 우리가 이해하지 못해도 모든 동물과 식물, 곤충과 미생물은 어떻게든 필요하기 때문에 존재하고 있고, 각각 나름대로 자연의 섭리를 이해하며 서로 돕고 존중하며 살아간다. 누구도 더 잘났거나 못나지 않았다. 누구도 더 중요하거나 덜 중요하지 않다. 동물들은 인간이 무제한으로 죽이고 착취해도 되는 무료 자원이 아니다. 동물들은 사람동물을 '위해서' 존재하는 것이 아니다. 그들은 우리와 '함께' 이 땅에 존재한다.

단절-관찰-이해-존중-연결

◆◆◆

점점 더 발달하는 기술과 발전되는 도시 안에서 우리는 그 어느 때보다 자연과 동물들로부터 단절되어 있다. 도시의 사람들은 "시간이 없다"는 말을 입에 달고 산다. 너무 바쁜 나머지 자기 자신을 돌보는 일조차 제대로 하지 못하고, 소중한 사람들과 함께할 시간도 충분하지 못한 상황에서 과연 동물들에게까지 관심을 가질 여유가 있을까? 단절은 무섭다. 우리는 고기를 먹으면서 더 이상 동물을 생각하지 않는다.

좋든 싫든 자연 생태계의 한 부분인 우리는 도시의 생활이 자연과 멀어질수록 자연을 더 그리워한다. 길에 가로수를 심고, 꽃밭 정원을 만들고, 물가 산책로나 공원을 개발한다. 쉬는 날에는 산과 숲, 바다로 여행을 가고 캠핑을 한다. 점점 더 많은 사람이 집안에서 식물과 동물을 키우는 것도 자연의 일부를 곁에 두고 싶은 마음일 것이다. 우연히 야생동물을 마주치기라도 하면 걷던 길을 잠시 멈추고 가만히 지켜보기도 한다. 동네마다 몇몇 사람들은 길고양이에게 집을 마련해주고, 물이나 간식, 사료를 직접 구매해 먹이며 돌봐준다.

나도 간장이와 함께 살지 않았다면 이 작은 동물이 나와 별로 다르지 않다는 것을 이렇게까지는 몰랐을 것 같다. 우리는 간장이를 처음부터 잘해주기 위해서 데려왔고, 좋아하는 마음으로 관찰한 것이지만 관찰을 하고 이해하기 위해서 꼭 호감을 가지고 있지 않아도 괜찮다. 괜히 무섭고 싫다는 색안경만 빼더라도 그들이 전과는 다르게 보일 것이다.

1년에 한두 번씩 수련을 하러 가는 명상센터가 있다. 수련기간 중 수련생들은 관리자와 선생님을 제외한 다른 사람들과의 모든 접촉과 소통이 금지된다. 말은 물론 눈짓, 몸짓도 안 되며 휴대폰, 책, 종이와 펜, 전자기기도 사용할 수 없다. 시간표에 맞춰 일어나고, 명상하고, 밥을 먹고, 명상하고, 잔다. 중간중간에 쉬거나 산책을 할 수 있는 휴식시간이 주어지면 수련생들은 꽃과 나무, 벌과 나비를 관찰한다. 고양이 한 마리만 지나가도 이목이 집중되고 미소가 번진다. 수련이 끝난 뒤 누군가는 거미가 생각보다 귀엽고, 거미줄을 얼마나 열심히 만드는지 보았다며 청소를 하면서도 살아 있는 거미가 있는 거미줄은 건드리고 싶지 않다고 했다. 그곳에서 봉숭아 나무 잎사귀를 다 갉아먹은 손가락만 한 애벌레 4마리는 수련생들의 애정 어린 관심을 듬뿍 받는 반려벌레가 되었다.

세계적인 동물학자 제인 구달은 탄자니아에서 약 10년이라는 시간 동안 침팬지들을 꾸준히 관찰함으로써 이 세상 그 누구보다 침팬지에 대해 잘 알고 이해하게 되었고, 침팬지 행동 연구 분야의 세계 최고 권위자가 되었다. 그는 침팬지들이 마음을 열 때까지 인내심 있게 기다렸고, 결국 침팬지들은 그에게 자신들의 세계를 열어 보여주었다. 제인은 침팬지 무리 속으로 들어가 더 가까이 그들을 살펴보고 소통하였다. 그들에게 번호가 아닌 이름을 지어주고 그들을 이해하고, 존중하고, 교감하며 친밀한 관계가 되었다. 그는 영국으로 돌아간 후 침팬지들이 위기에 처했다는 말을 듣고는 곧바로 탄자니아로 달려가 그들을 구하기 위해 노력하기도 했다.

무관심에서 관심으로 마음을 열고 호기심 어린 눈으로 관찰을 하다 보면 자연스럽게 이해가 되고, 이해가 되면 존중하게 된다. 내가 누군가를 존중하고 배려하면 그들도 알고 느낀다. 그렇게 연결이 된다.

아빠한테 간장이가 언제 가장 '사람같이' 느껴지느냐고 물어봤다. 유난히 힘들고 지치는 날에 간장이가 옆에 와서 눈을 동그랗게 뜨고 멀뚱멀뚱 쳐다보며 위로해줄 때 그렇다고 했다. 아빠는 간장이를 키우고 나서 더 이상 개고기를 먹지 않는다. 다른 동물의 고기를 먹는 사람도 특정 동물과 깊은 교감을 해본 경험이 있다면 자신이 특별히 여기는 동물이 얼마나 영특하고, 자신을 이해하는지 신이 나서 이야기한다. 그들은 자신이 소중하게 여기는 동물을 친구나 가족이라고 생각하며 적어도 그 동물의 고기는 먹지 않는다.

더 이상 동물이 먹을 것으로 보이지 않는다

◆◆◆

"채식주의자는 고기가 먹고 싶지만 참는 것이다", "사실 채식주의자는 남몰래 고기를 먹을 것이다. 그리고 언젠가는 다시 고기를 먹게 될 것이다." 사람들은 각자 다른 환경에서 자라서 살아가고 있으며, 경험도 생각도 행동도 다르다. 우리는 그들이 우리에게 말해주는 것만을 알 수 있고, 그들이 말해주지 않는 것은 모른다. 매일 매끼 육식을 하는 사람도 있고, 아주 가끔 육식을 하는 사람도 있다. 정말 좋아서 먹는 사람도 있겠지만 단지 접근이 편하고 눈앞에 있기 때문에 먹는 사람도 많다. 열 길물속은 알아도 한 길 사람 속은 모른다고 했다. 채식을 하는 사람도 똑같다. 아무리 먹지 않으려고 해도, 몰래 집어넣은 것은 알아채지 못할 수도 있다.

너무 배가 고픈데 먹을 것이 하나도 없는 상황에 놓인 비건이 우유가 들어간 빵을 먹을 수도 있고, 그냥 쫄쫄 굶을 수도 있다. 자신의 건강만을 위해 자연식물식을 하는 몇몇 사람들은 아주 가끔씩 소량의 값비싼 동물복지 농장의 동물성 제품이나 야생의 물살이를 먹기도 한다. 동물성 재료가 들어간 음식이라도 음식물 쓰레기를 만드는 것이 싫어 누가 남긴 것을 대신 먹어치우는 사람도 있다. 무슨 이유에서든 동물성 재료를 먹을 수도 있고, 먹지 않을 수도 있다. 채식을 하거나 하지 않는다고 해서 많은 사람을 하나로 싸잡아 일반화한다면 계속해서 오류가 발생할 수밖에 없다. 누가 몰래 육식을 하는지 하지 않는지는 알 수도 없고, 알 필요도 없다. 나는 지금 나의 행동만을 조절할 수 있다. 이미 지나간 일도 더 이상 통제할 수 없으므로 후회하며 시간을 낭비할 마음도 없다.

어떤 사람들이 '입맛 떨어지게 하는 그런 말'이라고 하는 육식의 진실에 대해서 잘 몰랐을 때, '채식주의자가 된다면 맛있는 음식을 포기하고, 먹고 싶은 것을 참아야 하지 않을까?' 같은 걱정을 하기도 했다. 식물을 먹어도 단백질은 충분히 섭취할 수 있지만 그저 맛있다는 이유로 '고기'를 먹으면 동물이 죽는다. 동물성 단백질은 꼭 필요한 것이 아니라는 사실과 함께 동물들이 키워지는 현실 그리고 파괴되는 환경에 대해 알게 되었을 때 정말 입맛이 뚝 떨어져버렸다! 사람 고기가 먹고 싶지만 참는 것이 아닌 것처럼, 동물이 먹고 싶은데 참는 것이 아니었다. 이제는 동물에 '고기'라는 말이 붙는 자체가 거북하다. 정육점이나 마트에 진열되어 있거나 음식에 들어 있는 '고기'가 동물의 시체로 보인다. 도살장에서 울부짖는 동물들이 생각나고, 그 자리를 피하고 싶어진다.

가끔 예전에 먹었던 동물성 재료가 들어간 음식의 맛이 생각날 때는 동물성 재료를 빼고 만들어 먹어도 충분히 만족스럽다. 대부분의 경우 오히려 동물성 재료 없이 만드는 것이 훨씬 맛이 좋다. 잃고 포기하거나 억지로 참아야 할 것은 하나도 없고, 매일 신선하고 맛있는 음식을 마음 편히 감사하게 먹게 되었다.

한 번은 한참을 안 먹다가 의도하지 않게 동물성 재료가 들어간 음식을 씹은 적이 있었는데 맛이 너무 강렬하고 냄새가 지독해 바로 알아채고 뱉어버렸다. 예전에는 식욕을 돋우던 고기 굽는 냄새는 이제 코를 막고 황급히 지나가게 만드는 악취가 되었다. 진짜 '고기'와 거의 똑같아 구분하기 어렵다는 '비욘드 미트'가 나왔다지만 그조차 먹어보고 싶은 마음이 들지 않는다.

태어나서 한 번도 '고기'를 먹어본 적이 없다는 친구가 있다.

이제는 유제품도 거의 먹지 않는 인도계 영국인 찬다니는 온 가족이 모두 유제품은 먹는 채식을 하는 환경에서 자랐다. 내 주위에 고기를 먹지 않으면서 고기의 맛을 모르는 사람은 찬다니뿐이어서 궁금함을 참지 못하고 자칫 무례하게 들릴 수도 있는 질문을 해버렸다.

"저기 혹시, 고기의 맛이 궁금하거나 한 번쯤 먹어보고 싶은 적은 없었어?"

찬다니는 침착하게 대답해주었다.

"아니, 나는 동물을 먹지 않아."

그게 다였다.

9
단계

우유와 달걀에 대해서
생각해보기

○ 유제품과 달걀이 들어가지 않은 음식 선택하기

이제 더 이상 우유는 마시지 않는다는 사람들도 치즈, 요거트, 우유가 들어간 빵과 과자, 우유 가루가 들어간 각종 가공식품은 별로 신경 쓰지 않고 먹는 경우가 많다. 카페에 가면 커피는 물론 스무디나 과일 음료에까지 우유가 들어가기도 한다. 전통 한식에는 유제품이 거의 사용되지 않지만 달걀은 쫄면이나 콩국수같이 원래 비건인 음식에도 꼭 마무리로 올라가는 경우가 많다. 하지만 주문할 때 미리 물어보고 빼달라고 요청하면 이 또한 피할 수 있다. 잘 찾아보면 동네에 우유, 달걀을 사용하지 않는 빵집을 하나쯤은 발견할 수 있을 것이다.

○ 우유 대신 두유, 달걀 대신 두부 먹기

매장에 구비된 식물성 음료가 없을 수도 있고, 거절당할 수도 있지만 카페에 가서 두유 같은 식물성 음료가 있는지 물어보고 변경을 요청해본다. 직접 가지고 가서 만들어달라고 하면 대부분 해준다. 내가 그리고 더 많은 사람이 계속해서 물어본다면 곧 가게에서는 두유를 준비해놓게 될 것이다. 김밥과 떡국에 달걀지단 대신에 두부를 부쳐서 올리고, 스크램블 에그는 으깬 두부와 강황 가루로 만들 수 있다. 최근엔 달걀프라이 모양의 채식

제품도 나왔고, 점점 더 달걀을 대체할 제품들이 개발되고 출시되는 중이다.

○ 우유와 달걀의 진실 관련 자료 찾아보기

우유 알레르기 때문에 초등학생이 쇼크로 쓰러져 깨어나지 못하고, 살충제 달걀 파동, 산란계 살처분으로 인한 달걀 대란 등 계속되는 사건사고에 점점 관심을 가지고 알아보고 정보를 공유하는 사람들이 많아졌다. '우유의 진실', '달걀의 진실'이라고 찾아보면 수많은 자료를 볼 수 있다. '항상 먹어왔기 때문에, 맛있기 때문에'라는 변명을 제외하고도 계속해서 우유와 달걀을 꼭 먹어야만 하는 이유를 고민해보고, 찾을 수 없다면 그것들을 먹지 않는 선택을 할 수 있다.

• 책

『육식의 성정치(The Sexual Politics of Meat)』 캐럴 제이 애덤스 지음, 류현 옮김, 이매진

『동물 홀로코스트(Eternal Triblinka)』 찰스 패터슨 지음, 정의길 역, 휴

『동물학대의 사회학(Understanding Animal Abuse)』 클리프턴 P. 플린 지음, 조중헌 옮김, 책공장더불어

『다른 사람 모카신 신고 1마일 걷기(Blue Eyes/Brown Eyes Exercise)』 제인 앨리엇 지음, 정해영 옮김, 한뼘책방

• 영화·다큐멘터리

<우유, 소젖을 먹는다는 것에 대하여>(2014), EBS 하나뿐인 지구

<쉰들러리스트(Schindler's List)>(1993)

<피아니스트(The Pianist)>(2002)

<미국 수정헌법 제13조(13th)>(2016), Netflix

• 유튜브 영상

'낙농장의 젖소가 인간으로 대체된다면? 영화 '더 허드 'THE HERD'', Se-Hyung Cho(https://youtu.be/EpTVt-QWJZo)

'DAIRY IS SCARY! The industry explained n 5 minutes', Erin Janus(EN)(https://youtu.be/UcN7SGGoCNI)

'What's Wrong with Eggs? The Truth About The Egg Industry', Erin Janus(EN) (https://youtu.be/utPkDP3T7R4)

• 팟캐스트

흉폭한 채식주의자들

육식주의가 약자를
다루는 방식

비건 페미니스트

◆◆◆

누군가는 도대체 페미니즘이 비거니즘과 무슨 상관이냐고 한다. 페미니즘은 가부장제 안에서 차별과 억압에 시달리는 여성의 해방을 위한, 비거니즘은 육식주의 세상 속에서 착취와 살해를 당하는 동물들을 고통에서 벗어나게 하려는 사회적 움직임이다. 본인을 페미니스트로 정의하는 모든 사람이 비건인 것은 아니지만 내가 알고 있는 비건 지향인들은 여성이면서 페미니스트인 경우가 많다.

내가 유제품과 달걀을 먹는 '베지테리언'이 아닌 비건이 되기로 결심한 것도 페미니즘 때문이었다.

나는 어릴 때부터 유제품을 좋아했다. 남들은 비리다고 싫어하는 흰 우유까지 곧잘 마셨다. 유제품이 저렴한 서양 나라에 살 때는 장을 볼 때마다 우유, 대용량 요거트, 치즈를 꼭 사오곤 했다. 그러나 채식을 해야겠다고 생각하고 알아보던 중 '유제품이 뭐가 문젠데?'라는 짧은 영상을 보고 나서부터는 더 이상 소의 젖이 들어간 것을 먹을 수 없었다. 우유가 소의 젖이라는 것은 알고 있었지만, 젖소는 그냥 가만히 있어도 젖이 나와서 젖소인 줄 알았다.

젖소는 우리와 같은 포유동물이다. 여성의 몸은 임신을 하고 아기를 낳으면 아기가 먹을 모유를 만들고, 아기가 젖을 떼면 모유는 더 이상 나오지 않는다. 암소의 몸에서도 우유가 나오려면 임신을 하고 아기를 낳아야만 한다. 우유는 아기 소를 위한 먹이이지만 갓 태어난 송아지는 보통 24시간 이내에 인간에게 끌려간다. 호르몬제를 맞은 젖소는 과거에 비해 비정상적으로 많은 양의 젖을 생산하지만 생산량이 너무 많아 버리는 한이 있어도 송아지는 엄마젖을 먹을 수 없다. 암송아지는 어미와 같은 신세가 되고, 젖을 만들 수 없는 수송아지는 '부산물'로 처리된다.

낙농업계에서 여성 소를 임신시키기 위해서는 당사자는 원치 않은 '인공수정'을 하는데, 이는 인간이 여성 소의 질에 팔뚝을 집어넣어 수컷에게서 강제로 체취한 정액을 주입하는 것을 말한다. 여성 송아지는 임신이 가능해진 순간부터 강제 임신과 출산, 갓 태어난 새끼를 빼앗긴 다음 젖이 마를 때까지 쥐어 짜이다 젖의 양이 줄어들면 다시 강제 임신으로 돌아가는 과정을 반복한다. 나에게 가장 충격적이었던 건 어미 소가 아기를 빼앗기고 제 새끼를 돌려달라고 눈물을 뚝뚝 흘리며 서글프게 울부짖는 장면이었다. 어미는 그렇게 몇날 며칠을 울며 애원한다. 신체적·정신적 스트레스에 시달린 소는 제 수명의 5분의 1도 안 된 어린 나이에 지치고 약해져 주저앉거나 더 이상 임신을 할 수 없게 되면 햄버거 패티의 재료로 팔려간다.

달걀, 닭의 알. 수정란은 병아리가 되지만 닭은 왜 무정란을 매일 낳을까? 사실 새의 무정란은 생리주기의 부산물이며, '원래' 닭은 우리처럼 약 한 달에 한 번 월경을 했다. 매일 알을 낳는 오늘날의 닭은 오랜 선택적 교배와 유전자 조작으로 만들어졌다. 오늘날 대부분의 달걀은 닭 한 마리가 날개도 활짝 펼 수 없을 정도로 좁은 케이지에 여러 마리가 갇혀 잠도 못 자고 쫄쫄 굶으며 뼈가 부서질 때까지 알을 낳다가 죽는 공장식 축산에서 생산된 것이다. 공간적 여유가 있는 곳에서의 암탉은 조용하고 어두운 장소에 정성스럽게 튼 둥지에 알을 낳아 품고, 제 알을 도로 먹어 빠져나간 칼슘과 영양분을 보충한다. 월경을 하면 그냥 피만 나오는 것이 아니라 심한 피로와 스트레스가 수반되는데 이는 동물들도 마찬가지이다. 거의 매일 월경을 하게 만들어놓은 여러 마리의 여성 동물을 가두고 괴롭히니 그곳의 닭들이 매일같이 죽어나가는 것이 그리 이상하지도 않다.

여성의 몸을 가진 동물만이 젖과 알을 '생산'할 수 있기 때문에 그들은 '여성성'을 착취당한다. 이에 『육식의 성정치』의 캐럴 제이 애덤스는 동물의 젖과 알에 '여성화된 단백질'이라는 이름을 붙였다. 또한, 가부장제에서는 사람 여성이, 육식주의에서는 동물이 남성의 소유물, 억압과 재생산의 대상, 먹을 것, 신체 부위 정도로 여겨지고 취급되는 경우가 많다고 설명한다. 육식주의 세상의 동물들 가운데 특히 여성 동물은 가장 심한 고통을 받는다. 고기, 애완동물, 모피, 가죽, 깃털을 이용하기 위해 끊임없이 강제 임신과 출산을 당하는 동물들과 심지어 여왕벌과 일벌도 모두 여성이다. 남성 동물은 짧은 생과 한 번의 육체적 죽음을 겪지만, 여성 동물은 더 이상의 재생산과 생명유지가 불가능해질 정도의 수십 번의 신체·정신적 고통을 겪은 뒤 마침내 육체적 죽음을 맞는다.

모든 차별은 연결되어 있다

◆◆◆

사회 시스템 안에 특정 집단을 착취, 억압, 차별해 이득을 보는 집단이 존재할 때, 자신이 피해를 받는 집단에 속해 있다면 가만히 지켜보고만 있을 수는 없을 것이다. 자신이 간접적으로 착취에 참여하며 이득을 얻고 있거나, 피해 집단에 속할 가능성이 없거나, 반대할 경우 불이익을 받을 수 있다면 피해 집단의 고통에 무관심해지고 외면하기 쉬우며 착취에 직접 참여하기도 한다. 자신이 피해 집단에 고통을 주는 쪽이 된다면 희생자에게 분명히 실재하는 고통과 감정, 권리를 무시하고 부정하게 된다.

인간이 동물을, 남성이 여성을, 백인이 유색인종을 차별, 억압, 착취하는 태도와 방식은 거의 동일하게 닮아 있다. 찰스 패터슨의 『동물 홀로코스트』에서는 그 이유를 이와 같은 문제들이 최초의 인간의 동물 소유, 동물 노예제에서 시작되었기 때문이라고 설명하기도 한다. 오래 전, 인간은 어른 동물을 죽이고 새끼를 납치하고 길들여 노예로 삼았다. 자라면 통제가 어려운 수컷은 어릴 때 거세하고, 여성 동물은 재생산에 이용했다. 족쇄를 채우고, 가두고, 낙인을 찍고, 그들의 노동력, 젖, 알, 가죽을 취하고 살해해 살점을 먹었다. 폭력은 또 다른 폭력으로 이어진다.

동물을 제물로 바치던 풍습은 인간을 제물로 바치는 것으로 이어졌다. 야생동물을 마구잡이로 학살하고, 특정민족을 학살하기도 했다. 인간을 상대로 생체실험을 했고, 동물실험을 한다. 몇몇 인간 남성들은 동물을 상대로 수간을 저지른다. 『동물학대의 사회학』의 클리프턴 P. 플린에 따르면 동물을 학대하는 이는 사람도 학대할 확률이 높으며 많은 살인범은 동물로 살인연습을 하기도 한다. 일례로 캐나다의 한 돼지농장에서 돼지를 죽이던 노동자는 인간 여성 49명을 살해, 갈고리에 걸어 시체를 돼지고기에 섞어 유통시킨 사건도 있었다.

동물을 착취하기 위해 꾸며낸 이야기는 여성을 억압하고, 유색인종을 노예로 부릴 때 반복되었다. '종, 성별, 피부색이 다르다', '약한 자는 강한 자에게 먹히고, 지배당하는 것이 자연의 섭리이다', '지능이 낮고, 통제 불능이다.'

육식주의의 약자에 대한 차별은 우리 삶에 스며들어 있다. 잘 생각해보면 이상하지만 너무 익숙해 이상한 것을 눈치 채지 못하거나 자세히 살피지 않는다. 동물을 생명이 아닌 부위별 살점으로 취급한다. 끔찍하게 착취하는 것으로는 부족한지 공장식 축산의 좁고 더러운 공간에 갇혀서 햇빛 한 번 볼 수 없는 동물이 초록 잔디밭에서 '자유롭게' 뛰어다니는 것처럼 광고한다.

동물의 고통과 죽음이 담긴 살점과 부산물을 파는 곳에는 해당 동물이 웃으며 마치 자신을 '먹어달라'는 것처럼 보이는 그림을 그려놓는 경우가 있다. 몇몇 남성은 여성의 신체 부위를 조각조각 품평하고, '맛있다'거나 '먹다'라는 단어를 사용하기도 한다.

한승태 작가의 『고기로 태어나서』를 읽어보면 공장식 축산에서는 매일같이 동물들이 죽고, 성장이 더딘 아기동물을 죽이고, 가축 배설물과 동물시체를 치우는 것이 주된 업무라고 한다. 소와 돼지같이 크고 무거운 동물을 죽이고 분해하는 곳에는 당연히 사람에게도 위험한 날카롭고 위험한 도구가 많다. 그런 도구로 살려고 발버둥치는 동물을 죽이는 곳은 사고의 위험이 높을 수밖에 없다. 그리고 '보통 사람들'은 꺼리는 위험한 이곳에서의 고된 노동은 유색인종인 이주 노동자, 불법 이민자나 생계형 노동자들이 맡게 되는 경우가 많은데, 이들은 노동 강도에 비해 저임금을 받기도 하며 수많은 사람이 며칠도 버티지 못하고 그

곳을 떠나기도 한다.

소설 『정글』의 작가 업튼 싱클레어는 도살장의 노동자들은 폭력에 무뎌지고 폭력성이 커져 다른 범죄로 이어진다는 사실을 발견했고, 이에 미국에서의 범죄율을 비교한 한 연구는 실제로 '업튼 싱클레어 효과'가 나타나고 있음을 증명하기도 했다. 오늘날에도 종종 뉴스에서는 얼음장같이 차가운 물에 담긴 새우의 껍질을 까거나 원양어선의 '현대판 노예', 착취당하는 약자들을 볼 수 있다.

어떤 동물은 먹어도 되고, 어떤 동물은 먹으면 이상하고, 어떤 동물은 사랑하는 것처럼 동물의 종을 나누어서 차별하는 종차별(Speciesism)과 성차별(Sexism) 그리고 인종차별(Racism)은 그 대상만 다를 뿐 서로 이어져 있다. 성차별과 인종차별이 잘못되었듯 종차별도 잘못되었다.

모두를 위한 비거니즘

◆◆◆

여성과 유색인종은 차별받는 당사자로서 자신의 권리를 찾기 위해 항의도 하고, 고소도 하고, 시위도 하며 지속적으로 많은 사람들에게 사실을 알려 불평등한 구조를 바꾸기 위한 여러 가지 노력을 할 수 있고, 같은 언어를 사용하는 같은 종이기 때문에 싸워볼 수라도 있다. 동물들도 계속해서 눈물을 흘리고, 울부짖고, 몸부림치며 고통을 표현한다. 하지만 그들에게 돌아오는 건 더 심한 학대뿐이다. 안타깝게도 이렇게 무시당하고, 착취당하는 동물의 수는 줄어들고 있지 않다.

비건 음식과 상품은 비건 지향인만을 위한 것이 아니고, 비거니즘은 농장 동물들의 권리만을 위한 것이 아니다. 페미니즘 행동은 여성의 권리만을 위한 것이 아니라, 가부장제 현실 속에 존재하는 성 고정관념에 사로잡힌 차별과 혐오를 꼬집고 드러내어 '남성성, 여성성, 고정된 성 역할' 때문에 불평등과 불이익을 받는 모든 사람을 자유롭게 해주는 것이다. 이와 같이 더 많은 사람들이 비거니즘을 알고 실천하면 육식주의의 직접적인 피해를 입는 동물들뿐만 아니라 건강이나 신념의 이유로 채식을 하는 사람들, 육식주의로 인한 부당함과 착취, 다양한 차별과 폭력에 시달리는 사람들에게도 도움이 된다.

일단 비건 지향을 시작하고 육식을 줄이는 노력을 하는 사람은 육식으로 인한 질병에 걸릴 확률이 급격하게 줄어든다. 오랜 잔병이나 불편했던 부분들이 점점 사라지며 면역력이 높아진다. 동물과 자연을 존중하는 마음은 나 자신을 존중하는 마음과 이어져 있기 때문에 매번 누군가를 해치지 않는 식사와 소비를 할 때마다 작은 성취감이 쌓이고, 자신감이 붙는다. 동물성 재료가 전혀 들어가지 않은 균형 잡힌 자연식물식은 비건을 지향하는 사람뿐만 아니라 소화기관이 약해서 건강상의 이유로 채식을 하는 사람, 여러 종류의 채식 가운데 하나를 실천하는 사람, 종교적인 이유로 채식을 하는 사람, 유제품과 동물성 단백질에 알레르기가 있는 사람, 동물성 재료의 맛을 싫어하는 사람이나 가리지 않고 뭐든 먹는 사람들까지 즐길 수 있다.

단체로 제공되는 급식이나 외식 문화의 표준이 순식물성 식단이라면 원재료에 들어가는 비용이 적어져 가격이 저렴해질 수 있다. 동물성 재료가 꼭 먹고 싶은 사람은 추가 금액을 지불하고 먹게 한다면 어떨까. 동물성 재료가 기본으로 사용되어 뒤늦게 이를 알아도 뺄 수 없다거나, 뺀다고 해도 동물성 재료가 포함된 가격을 모두 지불해야 하고, 먹을 수 있는 것이 한정되어 있는 지금의 불편한 상황보다는 훨씬 더 많은 사람에게 공평해지고 동물성 재료의 수요는 자연스럽게 줄어들게 될 것이다.

고기나 우유의 소비가 줄고 생산이 줄면 가축을 키우는 목적으로 파괴되는 열대우림과 숲속의 야생 동·식물 생태계 그리고 숲속에서 자급자족하는 사람들을 지킬 수 있다. 전 세계의 가축에게 먹이는 곡식의 양은 지구상의 모든 인간을 먹여 살리고도 남을 만큼 많아 굶주림에 죽어가는 사람들을 살릴 수 있다. 축산업에서 발생하는 배설물과 각종 약품으로 인한 환경의 오염과 파괴를 줄일 수 있다. 공장식 축산이 사라지면 가축 전염병의 유행으로 '살처분' 명령이 내려질 때마다 대학살에 강제로 투입되는 공무원들이 악몽, 공포와 불안, 트라우마에 시달리고 스스로 목숨을 끊는 일도 없을 것이다. 시골마을의 사람들은 축산 공장의 악취와 오염 때문에 건강을 해치거나 깨끗한 물과 공기를 빼앗기지 않아도 된다. 수많은 약자가 위험하고 더러운 도살장과 축산 공장에 등 떠밀려 억지로 일하지 않아도 된다.

이렇게 나열하고 보면 굉장히 거창하고 어려워 보이지만 비거니즘 실천의 매력은 누구나 지금 당장 쉽게 할 수 있다는 것이다. 조금씩 알아보고, 찾아서 공부하고, 한 번 더 확인한다. 소비하지 않거나 소비하는 것, 주위의 사람들과 이야기하고, 음식을 주문할 때 부탁하고, 기업과 정부에 선택지를 요구하는 서명을 하는 등의 작고 간단한 행동들이 모이면 큰 영향력을 발휘할 수 있다. 그렇게 지금 세상은 더 많은 사람을 포용하도록 변하고 있다.

10
단계

지금, 여기의 것을
소비하기

○ 국내산 제철 농산물 구매, 섭취하기

　장을 보며 채소나 과일, 곡식 등을 구매할 때 원산지가 어디인지 관심을 가지고 살펴본다. 국내산과 외국산이 같이 있다면 가격 차이가 조금 나더라도 외국산 대신에 국내산을, 봄나물이나 깻잎같이 우리 땅에서만 자라는 농산물을 선택한다. 제철을 맞은 농산물은 다른 때보다 값이 저렴하기도 하다. 혹시 차이점이 궁금하다면 국내산과 외국산, 유기농과 관행 농작물을 같이 사서 직접 맛이나 식감이 어떻게 다른지 비교해볼 수도 있다.

○ 가공식품의 유전자 조작 작물(Genetically Modified Organism) 사용 여부와 작물의 원산지 확인해보기

　최근에는 유전자 조작 성분 포함 가능성이 있다고 적힌 성분표를 찾아볼 수 있다. 현재까지 한국은 유전자 조작 작물의 재배가 허용되지는 않고 있으나, 식용으로 GMO 작물을 가장 많이 먹는 나라 가운데 하나이다. 국내 수입이 허용된 GMO 농작물은 콩, 옥수수, 면화, 카놀라, 사탕무, 알팔파가 있다. 이런 작물들이 가장 많이 재배되는 곳은 미국과 캐나다, 브라질과 아르헨티나 같은 북미와 남미 대륙이다. 고도의 정제 과정을 거치는 기름이나 액체 당류 같은 경우에는 법에 따라 표시를 따로 하지 않기 때문에 GMO 표시가 없어도 외국산 콩과 옥수수, 카놀라를 사용했다면 GMO일 확률이 아주 높다.

○ **최대한 유기농, 무농약의 친환경 농산물 찾아서 먹어보기**
- 유기농 농산물: 최소 3년이상 화학 합성 살충제, 제초제, 비료를 사용하지 않은 땅에서 재배한 작물
- 무농약 농산물: 화학 합성 살충제와 제초제는 사용하지 않지만 권장량의 3분의 1이내로 화학비료를 사용해 재배한 농산물

작은 일반 슈퍼마켓이나 시장에서는 유기농이나 무농약, 친환경 농산물이 따로 표시되어 있지 않거나 없는 경우도 많다. 큰 마트에 가면 따로 진열되어 있기 때문에 잘 모르는 사람들은 지나치기도 한다. 한살림이나 생협 같은 유기농 전문 매장이나 온라인으로 농부들과의 직거래를 통해 직접 주문할 수 있다.

유기농과 지역 먹거리

논란의 GMO

◆◆◆

국내에 유통되는 가공식품의 성분표를 살펴보면 유전자 변형 혹은 유전자 재조합이라는 단어를 발견할 수 있다. 어떤 사람은 GMO가 아주 위험해서 절대로 먹어서는 안 된다고 하고, 어떤 사람은 아직 위험성이 증명되지 않았다거나 심지어 인체에 해가 없다고까지 주장한다. 믿고 싶지 않지만 통계에 따르면 한국인은 세계에서 GM 작물을 가장 많이 섭취하고 있다. 1990년대 중반 국내에 GMO가 수입되기 시작한 이후, 전에는 찾아보기 어렵던 수십 가지 질병의 발병률이 폭발적으로 증가했다. 하지만 안타깝게도 아직까지 GMO에 대한 정보는 대중에 잘 알려져 있지 않아 섭취를 피하지도 못하고, 왜 병에 걸리는지도 모른 채 고통을 받는 사람들이 많다.

오늘날 주로 재배, 유통되는 유전자 조작 작물에는 현재 바이엘(Bayer)사에 인수된 몬산토(Monsanto)사의 라운드 업이라는 제초제 속 글리포세이트라는 성분에 죽지 않는 박테리아의 유전자 그리고 살충성이 있는 BT(Bacillus Thuringiensis)라는 토양 미생물의 유전자를 사용하는 작물이 있다.

> · 글리포세이트: 파이프 내부에 축적된 칼슘, 철분, 망간 제거에 사용되던 물질. 2015년 3월 세계보건기구(WHO)의 세계암연구소(IARC)는 이를 발암물질로 발표했다. 증상으로는 태아의 기형 유발, 체내 호르몬 교란, 유전자와 세포 파괴, 장내 필수 미생물 파괴, 몸의 해독 능력 저하 등이 있다.

글리포세이트는 몬산토사의 제초제 '라운드 업'의 주성분이고, 이에 죽지 않는 GM 작물의 이름은 '라운드 업 레디'이다.

농부는 GM 작물을 심은 드넓은 땅에 비행기를 이용해 제초제를 마구 뿌린다. 이로 인해 근방의 '잡초'는 물론 땅속 미생물과 작은 생물들도 죽는다. 처음에는 성가신 '잡초'를 빠르게 제거하지만 점점 제초제에 내성을 가진 잡초가 생겨난다. 그렇게 되면 전보다 더 많은 양의 제초제를 뿌려야 하고 더 강한 잡초가 생기고 뿌려지는 제초제의 양은 늘어만 간다. 이 와중에 죽지 않는 GM 작물은 그 엄청난 양의 글리포세이트를 흡수한다. 생물학적 살충제인 BT 유전자를 지닌 GM 작물을 먹은 벌레는 죽는다. 작물 자체가 생명을 죽이는 독이 버린 것이다.

어떤 생명을 죽이기 위해 사용되는 독성 화학물질은 한 가지 종에만 피해를 입히고 끝나지 않는다. 사용자가 의도했든 의도하지 않았든 생물에 노출된 독성물질은 먹이사슬과 먹이그물에 쌓이고 얽혀서 결국에는 우리를 포함한 모두를 죽게 할 수 있다. 독에 오염된 땅과 물에 사는 작은 곤충을 작은 포유동물과 새가 먹고, 그들은 더 큰 육식동물에게 잡아먹힌다.

또 다른 문제는 GM 작물에 대해 연구하고 시중에 판매하는 이들 조차 자기가 하고 있는 일의 수만 가지 부작용과 변수에 대해 완전히 알 수도, 통제할 수도 없다는 것이다. GM콩 재배지와 가까워 많은 양의 글리포세이트에 노출된 아르헨티나 차코의 한 마을의 여러 주민들이 암에 걸렸고, 선천 기형아들이 태어났으며 청소년들은 갑자기 이유도 알지 못한 채 죽었다. 우습게도 우리는 이렇게 위험한 물질을 돈을 주며 사먹고 있다.

몬산토는 세계적으로 제조와 사용이 금지된 동물의 체내에 축적되며 문제를 일으키는 유독성 물질인 DDT, 강한 독성과 잔류성으로 신경, 생식, 면역체계에 손상을 일으키는 발암물질인 폴리염화비페닐(PCBs), 미군이 베트남전에 사용해 수많은 사람들에게 암을 유발하고 신경계를 손상하고 기형아를 태어나게 만든 맹독성 물질 고엽제(Agent Orange)를 만들고 판매한 회사이다. 넘쳐나는 정보 가운데에는 그들이 만든 GMO가 '안전하다'는 광고와 가짜 논문들도 섞여 있다. 그들은 정부와 식품 관련 주요 인사들, 과학계, 언론계를 돈으로 매수하고 압력을 넣는다. GM 작물을 재배하려는 농부는 라운드 업 제초제를 강매당하고, GM 종자를 연구해서도 안 되고 연구하려는 사람에게 주어서도 안 된다는 계약서를 작성해야만 한다. GMO의 위험성을 연구하고 발표하는 과학자는 몬산토사에게 협박을 받고 실직의 위협을 당한다. GMO가 안전하다고 주장하는 몬산토사는 자신들이 먹는 구내식당의 음식에는 절대로 GM 작물을 사용하지 않는다.

유기농을 찾아서

◆◆◆

'유기농'에 대해서 잘 몰랐을 때는 주로 아기에게 좋은 것을 먹이려는 엄마들, 건강에 관심이 많은 사람들과 부유한 사람들이 사먹는 일반 작물에 비해 조금 더 비싼 것으로만 알았다. 뉴욕에서 맛있는 음식과 다양한 제품이 많아 자주 갔던 홀푸드 마켓이 유기농 전문 마트였고, 캐나다에서 같이 살던 친구들이 유기농을 주로 먹었지만 그때까지도 유기농을 찾아 먹어야 하는 이유를 찾지 못했다. 유럽에는 특히 유기농(Organic/Bio)을 찾는 사람이 많아 표시도 잘되어 있고, 쉽게 구할 수 있다. 대부분의 유기농 전문 마트에 가면 다양한 종류의 비건 간식과 식물성 음료뿐만 아니라, 공정무역과 친환경 상품까지 찾을 수 있다.

전 세계에서 생산되는 대부분의 GM 콩과 옥수수는 식용으로 길러지는 가축에게 먹여진다. 사람이 먹는 음식으로는 GMO의 수입과 생산을 엄격하게 금지하는 유럽연합조차 식용 가축에게는 GMO 사료를 먹인다. 국내 수입 GM 작물의 상당수 역시 가축의 사료로 사용되고, 나머지는 주로 가공식품인 콩과 옥수수 기름, 액체 당류, 간장, 된장, 두유 등으로 유통된다. 심지어 시장에서 판매되는 두부와 콩나물까지 수입산인 경우도 있다. 뿐만 아니라 생김새, 냄새나 맛으로 알아챌 수 없는 GMO는 꿀벌을 위협하고 벌꿀까지도 오염시킨다. GM 작물의 재배와 벌들이 실종되는 벌집군집붕괴현상(CCD)의 상관관계를 주장하는 이들도 적지 않다. 벌꿀은 수출, 가공할 때 여러 곳에서 모인 꿀을 커다란 드럼통에 합치는 과정을 거치는데, 이 중 하나에 GMO가 조금이라도 섞여 있으면 통 안의 꿀은 전부 오염된다.

도대체 GMO가 뭐가 어떻게 해로운 지는 『한국의 GMO 재앙을 보고 통곡하다』를 읽고서야 제대로 알고 경각심을 갖게 되었다. 저자 오로지는 한국이 GMO를 수입하고 식용으로 유통해 사람들이 많이 먹기 시작하며 급증한 불임과 선천기형아, 아동 성조숙증과 비만, 아토피 등 피부질환, 불면증과 만성피로, 당뇨와 치매, 각종 암과 성인병 등 34가지 질병과 글리포세이트, 몬산토 사에 대해서도 다루고 있다. 이 문제의 안타까운 점은 GMO 식품은 서서히 몸에 해로운 작용을 해 심각한 질병이 일어나더라도 원인이 GMO인지 쉽게 파악하지 못한다는 것이다.

유기농 작물이나 제품은 일반적으로 소비자가 접하는 최종 가격이 GM 작물이나 일반 작물에 비해 약간 비싸다. 때문에 그 차이를 정확하게 인지하지 못한다면 조금이라도 더 저렴한 것을 선택하게 되는 것은 당연하다. 화학 제초제와 비료의 추가 비용이 들어가는 관행농과 수많은 실험실 연구를 거쳐 생산되는 GM 작물은 이상하게도 유기농보다 저렴한 경우가 대부분이다. 몬산토 같은 다국적 기업은 돈으로 정치인들을 매수해 GM 작물에 보조금을 지원하게 하며, 제초제를 비행기로 들이부어도 죽지 않는 GM 작물은 인건비를 아끼며 엄청난 규모의 농업을 가능하게 했다. 국제 시장에서 저렴한 GM 작물이 잘 팔릴수록 작은 규모의 유기농과 관행농의 농부들은 작물을 팔지 못해 농업을 포기하게 되고, 작물의 다양성은 점점 줄어만 간다.

다국적 종자 회사의 씨앗을 구매하는 것은 토종 종자를 다음 농사때까지 고이 지키는 것보다 쉽다. 화학비료를 사서 쓰는 것은 직접 비료를 퇴비화해서 쓰는 것보다 쉽다. 농사에 방해가 되는 잡초와 곤충을 제거하기 위해 화학 제초제와 살충제를 사서 쓰는 것은 손수 천연 재료로 만드는 것보다 편하다. 하지만 작물을 키우는 과정에서 석유화학 비료와 제초제, 살충제의 과도한 사용은 작물, 땅의 동·식물과 미생물, 지하수나 강물을 오염시킬 뿐만 아니라 유독성 약품을 사용하는 농민들의 건강까지 위협한다. 이에 조금 더 손이 가고, 번거롭고, 힘이 들어도 토종 종자를 지키고, 천연 비료와 살충제를 사용해 땅의 생명과 생물 다양성을 보호하면서 농사를 지어 나오는 결과물이 바로 유기농산물이다. 땅과 생물을 죽이기는 쉽지만 오염된 땅이 다시 생명력을 회복하기 위해서는 수년에서 수십 년에 거쳐 정성을 다해 돌보아야 한다.

깨끗하고 안전한 먹거리를 먹어 병에 걸릴 확률이 줄면 병원비와 약값이 줄고, 잔류 농약 섭취 걱정 없이 물로만 세척하면 되기 때문에 물과 세제의 사용도 줄어든다. 유기농민을 도와 땅의 건강과 생물 다양성을 지키는 일은 결코 값을 따질 수 없다. 그 가치를 알고 나면 유기농은 더 이상 비싸게 느껴지지 않는다.

국산 농산물 수입 농산물

◆◆

요즘에는 대형마트는 물론 동네 시장에서도 손쉽게 싱싱한 수입산 과일을 구할 수 있다. 칠레산 포도, 미국산 오렌지와 아보카도, 필리핀산 바나나, 태국산 망고에 멕시코산 치아씨, 캐나다산 귀리와 렌틸콩, 페루산 퀴노아 등 불과 얼마 전까지만 해도 생소했던 작물들이 슈퍼 푸드라고 소개되면서 언제부터인가 갑자기 '한국인이 꼭 먹어야 하는 건강식품'이 되었다. 오랜 시간 이동해 들어온 먼 나라의 과일들인데도 이상하게 너무 싱싱하고 예뻐 보인다. 가끔 별미로 즐길 수 있는 새로운 과일이 눈앞에 있으면 한번 먹어보고 싶은 마음이 드는 것은 당연하다. 특히 비건에게 바나나, 아보카도는 동물성 재료를 대체하기에 좋은 식재료이기도 하다.

오래전 태국의 파인애플 농장에 가서 갓 수확한 파인애플을 먹어본 적이 있다. 세상에… 그건 내가 알던 파인애플 맛이 아니었다. 과즙이 정말 많고 맛이 달았다. 무엇보다 과육이 거의 투명한 노란색이었다. 자메이카에서 바나나를 먹어보았다는 독일인 안나는 유럽에서 먹는 바나나는 모두 가짜라고 했다. 한국에서 먹는 바나나도 유럽의 것과 비슷하다. 과일도 종이 다양하고, 어디에서 어떻게 생산되는지에 따라 맛도 다르다. 사시사철 항상 비슷비슷한 과일과 채소가 슈퍼마켓에 진열되어 있는 북미나 유럽의 딸기와 귤은 한국에서 먹는 것에 비해 너무 맛이 없어 그 맛을 알고는 거의 손을 대지 않았다.

작물이 국내의 다른 도시에서 우리 동네로 오는 것도 이동 과정에서 탄소를 배출한다. 그런데 머나먼 나라에서 며칠씩 걸려 운송되면 배출되는 탄소의 양은 배가 되고, 공기와 바다까지 오염시킨다. 오랜 시간 이동하는 작물은 덜 익은 상태에서 수확되고, 이동 과정에서의 부패를 방지하기 위해 방부제나 산화방지 코팅제, 살충제가 사용되기도 한다. 판매 전에는 화학약품을 이용한 인위적인 후숙 과정도 거친다. 작물이 땅에 뿌리를 내리고 있고, 가지나 줄기에 매달려 있는 상태에서는 농약을 뿌려도 어느 정도 자체적으로 해독이 가능하다. 하지만 수확한 뒤에 뿌려지는 화학약품은 그대로 남을 수밖에 없다는 것을 알게 되니 더욱 손이 가지 않는다.

한국농촌경제연구원에 따르면 2015~2017년 곡물 자급률은 23%로 전 세계 평균인 101.5%의 반의반에도 미치지 못하고, 2019년 국내 식량 자급률은 45.2%로 절반도 안 된다. 외교 문제에 휘둘리거나, 심각한 전염병으로 세계가 국경을 오래 폐쇄하게 된다면 어떤 일이 일어날지는 상상도 하고 싶지 않다. 변하는 기후 때문에 예전 같지는 않지만 우리 땅에서만 자라는 다양한 작물이 있고, 우리 땅에서 더 잘 자라고 질 좋은 품종을 개발하는 농업기술이 있다. 그러나 한국의 농업 보조금을 살펴보면 농업 총생산액 대비 6.7%로 OECD 평균인 10.6%, 유럽연합 평균인 17.5%에 비해 너무 초라하다(2017년 기준). 이런 상황에서 소비까지 충분하지 않다면 생계유지 걱정에 농민들이 농사를 그만두게 되고, 나중에는 국내산 농산물을 먹고 싶어도 쉽게 구할 수 없게 될까 봐 두렵기도 하다.

　우리가 굳이 먹지 않아도 되는 외국의 농산물을 자꾸 먹으면 그 나라의 농산물 가격이 올라 현지 사람들이 영양을 제대로 섭취하지 못하는 상황을 초래할 수 있다. 또한 물이 부족한 국가에서 물을 많이 필요로 하는 수출용 농작물을 키우는 것 때문에 국민들이 마시고 사용할 물에 대한 권리를 빼앗기는 상황이 벌어지기도 한다. 돈이 되는 작물을 키우는 농민들은 생명의 위협을 받는 일까지 일어난다.

　제철이 아닌 작물을 생산하려면 인위적으로 환경과 온도를 맞추기 위해 에너지를 추가로 사용해야 하기 때문에 가격이 비싸지만, 제철과일에 비해 더 맛있는 것도 아니다. 봄에는 봄나물과 딸기, 여름에는 수박과 복숭아, 옥수수, 가을에는 사과와 배, 감 그리고 겨울에는 귤과 고구마를 가장 구하기 쉽고 맛있게 먹을 수 있다. 수박, 복숭아, 옥수수가 있어서 습하고 더운 여름을 견디기가 좀 더 수월하고, 귤과 고구마가 있어서 추운 겨울을 조금 더 따뜻하고 포근하게 지낼 수 있다.

11
단계

기후변화 인지하고
행동하기

○ **'기후변화' 관련 기사 검색하고 찾아보기**

　지구 온난화, 기후변화라는 말은 누구나 적어도 한 번은 들어본 것을 넘어서 이제는 우리 모두가 직접 경험하고 있는 중이다. 사실 요즘엔 기후변화를 넘어 기후위기나 기후재앙이라는 단어를 사용하는 경우도 점점 늘고 있는 추세다. '기후변화'나 '기후위기'등을 검색해 왜 이렇게 비가 많이 오고, 왜 이렇게 덥고, 왜 이렇게 추운지 국내와 해외의 곳곳에서 이미 일어났고, 지금도 일어나고 있는 일들 찾아본다. 또 내가 지금 당장 실천할 수 있는 일은 무엇이 있는지도 함께 알아본다.

○ **기후위기 비상행동 서명하고 참여하기**

　기후위기 비상행동(climate-strike.kr) 사이트에 들어가 〈우리의 요구〉를 꼼꼼히 살펴본 다음 서명을 하고 주변사람들에게도 공유한다. 게재된 여러 가지 자료들을 보고 기후위기 행동을 알아보고 직접 참여할 수도 있다. 유튜브 기후위기 비상행동 채널에 들어가면 비상행동영상, 토론회, 강연 영상, 비상 방송 등을 시청할 수 있으며 이메일로 매월 〈빨간지구 통신〉 소식지도 받아볼 수 있다

○ **주변에 알리고 함께 이야기해보기**

기후위기에 대해서 더 많은 자료들을 찾아보고 공부하고 가족이나 친구들이 기후위기에 대해 알고 있는지, 어떻게 생각하고 있는지, 심각성을 얼마나 인지하고 있는지, 어떤 행동을 하고 있는지 물어본다. 함께 책이나 다큐멘터리 등을 찾아보며 서로의 의견을 나누고, 기후행동 행사에도 참여할 수 있다.

기후위기 비상행동: climate-strike.kr   **멸종저항 한국**: xrkorea.org

프로젝트 드로다운(EN): drawdown.org   **녹색연합** greenkorea.org

• 책

『파란하늘 빨간지구』 조천호 지음, 동아시아

『탄소 자본주의』 신승철 지음, 한살림

『이것이 모든 것을 바꾼다(This Changes Everything)』 나오미 클라인 지음, 이순희 옮김, 열린책들

『기후변화의 심리학(Don't Even Think About it)』 조지 마셜 지음, 이은경 옮김, 갈마바람

『우리는 자연의 일부입니다』 풀꽃세상기획, 철수와영희

• 영화·다큐멘터리

<소에 관한 음모(Cowspiracy)>(2014)

<데이비드 애튼버러: 우리의 지구를 위하여(David Attenborough: A Life on Our Planet)>(2020)

<위장환경주의(The Green Lie)>(2018)

<노바: 기후변화 탐구(NOVA: Decoding the Weather Machine)>(2018)

<익숙함과 작별하기 변하지 않는 것을 사랑하기(How to Let Go of the World and Love All the things Climate Can't Change)>(2016)

<그 섬>(2019), 녹색연합제작

<기후변화 특집 반갑지 않은 공존, 2014 한반도>(2014), <곤충은 알고 있다>(2016), EBS 하나뿐인 지구

• 유튜브 채널

2050생존TV

• 유튜브 영상

'기후 재앙에 대처하는 우리나라의 자세 I 본격 에너지 팩트체크', 씨리얼(https://youtu.be/BXqDt91ItCl)

기후변화?
대멸종 위기!

기후위기는 현실이다

◆◆◆

누군가는 기후위기를 의심하고, 외면하고, 부정한다. 지구에는 빙하기와 간빙기가 존재하고, 기후는 항상 변하는 것이라고 해도 최근 수십 년간의 변화는 그동안과는 비교가 불가능할 만큼 빠르게 이루어지고 있다. 때문에 지금 전 세계는 급격한 변화로 인한 재앙을 직접 경험하는 중이다.

유럽은 45도가 넘는 폭염에 시달렸고, 6개월간 지속된 호주의 산불로 인해 10억 마리 이상의 동물들이 불에 타죽거나 다쳤다. 아프리카 동부에 출몰한 3,000억 마리의 메뚜기 떼는 케냐, 예멘, 인도, 파키스탄 등지를 휩쓸며 지나간 자리의 작물을 닥치는 대로 먹어치웠다. 녹아버린 시베리아의 '영구 동토층'은 2만 1,000톤의 경유 유출로 이어졌고, 북극곰은 먹이가 없어 쓰레기를 뒤지고 동족을 잡아먹는다. 남극의 얼음이 녹아 펭귄들은 진흙범벅이 되었고, 전 세계의 산호초는 절반 이상이 사라졌다. 셀 수 없이 많은 동·식물이 이미 멸종되었거나 멸종되고 있다.

기후변화, 아니 기후위기는 과학자들만의 우려도, 다른 나라만의 문제도 아니다. 한국의 기온은 세계 평균보다 두세 배 더 빠르게 상승하는 중이다. 꽃들이 너무 일찍 피었고, 오랫동안 멈추지 않는 장마로 곳곳에 홍수가 나고, 태풍이 연달아 들이닥쳤다. 너무 따뜻한 겨울 탓에 죽지 않고 살아남은 매미나방 유충은 동·식물에 피해를 주며 극성을 부렸다. 농사에 알맞은 환경이 바뀌어 키울 수 있는 농작물이 변하고, 충분히 자라지 않은 열매가 너무 빨리 익어버려 상품 가치를 잃었다. 바다의 수온이 올라 물살이들은 수온이 낮은 곳을 찾아 이동하고, 식용으로 잡힌 어패류의 독성이 높아졌으며, 기생충이 들끓는다.

"20세기 중반 이후 관측된 온난화의 주된 원인이 인간 활동의 영향일 가능성은 95% 이상"
–<기후변화에 관한 정부 간 협의체(Intergovernmental Panel on Climate Change)>의 2013년 5차 보고서

인간은 수만 년 넘게 땅속에 쌓여 있던 동·식물의 유해를 꺼내 불태워 잠자고 있던 이산화탄소를 방출해 수천 년간 대기중에 머물며 기후에 영향을 끼치도록 만든다. 열대우림의 나무를 베고, 숲에 불을 질러 나무가 흡수하고 저장하는 이산화탄소를 공기 중으로 내보낸다. 오직 잡아먹기 위한 목적으로 수천만 마리의 소를 사육해 이산화탄소보다 23배 강력한 온실가스의 원인인 메탄을 방출한다. 어마어마한 양의 가축 배설물에서는 이산화탄소보다 300배의 온실효과를 내는 산화질소가 발생한다. 이산화탄소를 흡수해 산소를 만드는 바다에 온갖 쓰레기를 버리고, 과도한 어업으로 해양 생태계를 파괴한다.

기후변화는 어제오늘의 일이 아니다. 세계에 기후변화의 심각성을 알려 노벨평화상을 받은 앨 고어의 〈불편한 진실〉이 세상에 나온 것이 2006년이다. 1997년에 기후변화에 관한 국제연합 규약인 교토의정서, 1992년에는 유엔기후변화협약 그리고 1998년에 IPCC(기후변동에 관한 정부 간 패널)가 설립되었다.

2009년에 국가기후변화적응센터를 설립한 한국은 아직도 에너지 사용의 90% 이상을 화석연료에 의존하고 있으며, '그린뉴딜' 정책을 말하는 정부는 해외의 석탄 사업에 투자를 하고 있다.

> "한국은 2017년 이산화탄소 배출 세계 7위, 2018년 석유 소비량 세계 8위인 지구 온난화 책임국가"
>
> – 국제에너지기구(International Energy Agency)

기후위기와 환경 문제는 너무나 크게만 느껴져서 무언가를 해봐도 아무런 영향을 주지 못할 것만 같다. 손을 쓰기에는 이미 너무 늦어버린 것 같은 무기력감이 들기도 한다. 지금의 편리함을 포기하고, 누리고 있는 것들을 잃는다는 생각에 거부감이 들고 불편하다. 변화와 위험을 느끼면서도 모른 척하는 것이, 불안감과 공포를 외면하는 것이 당장은 조금 더 쉽다.

그러나 계속 외면만 하며 지금 당장 행동을 바꾸지 않는다면 기후변화는 더욱 빠르게 진행될 것이다. 그리고 그에 따른 폭염, 산불, 홍수, 한파, 가뭄 등의 자연재해가 더 자주, 빠르고 강하게 찾아올 것이다.

화석연료, 자본주의, 과도한 육식

◆◆◆

산업혁명 이후 전 세계의 평균 기온은 약 0.74도 상승했다. 과학자들은 예전부터 이런 문제점들을 제기하고 있고, 전문가들은 화석연료를 대체할 에너지를 만들어낼 충분한 기술이 있다고 한다. 그런데 왜 대부분의 나라는 물론 한국 정부의 정책과 제도, 실행은 이렇게 느리기만 할까? 현재 우리의 생활은 화석연료로 이루어져 있다고 해도 과언이 아니다. 도로는 아스팔트로 뒤덮여 있고, 집 안팎의 건축 자재와 전자제품, 냉난방과 전기, 기계와 운송수단의 연료, 합성섬유, 화학 합성 농약, 농기구의 연료, 비닐하우스의 난방, 주변의 모든 석유화학 플라스틱으로 만들어진 물건들에까지 화석연료가 사용된다.

자신들의 이익과 권력을 놓치고 싶지 않은 화석연료 산업은 친환경에너지의 개발과 보급을 방해하고, 더 많은 동·식물의 서식지를 파헤치고 물과 땅, 공기를 오염시키며 기후위기를 부추긴다. 자본주의는 더 많은 생산량을 위해 탄소를 흡수하는 유기농업의 소농을 포기하고, 생물 다양성과 생태계를 파괴하는 단일작물을 대규모로 재배하기 위해 각종 화학 합성 농약의 사용을 늘렸다. 더 많이, 더 빨리 그리고 더 적은 인건비를 위해

기계를 도입했다. 꼭 필요하지 않은 것들을 만들어 광고로 소비자들을 현혹해 팔아치우고, 감당할 수 없는 양의 쓰레기를 만들어낸다. 기후변화에 대한 과학자들의 경고를 무시하면서 개발도상국의 자연까지 파괴하고 오염시켜 자급자족하며 살던 현지인들을 착취해 빈곤층으로 만들고 있다. 또한 나라 간의 자재와 상품의 이동을 증가시켜 더 많은 탄소를 내뿜고 있다.

자제를 모르는 자본주의는 독성 화학 합성 농약으로 재배한 GMO 사료와 의약품, 냉난방, 운송연료 등 화석연료를 기반으로 한 공장식 축산으로 사람들을 육식에 중독시켰다. 축산업, 특히 미국의 축산업계는 이익에 방해가 되는 환경운동가들을 살해하고 여러 환경단체에 거액을 '기부' 함으로써 압력을 가해 기후위기의 주범으로 축산업을 탓하지 못하게 하고 있다.

> "축산업이 배출한 온실가스는 전 세계의 인간 활동으로 인해 발생한 온실가스의 51%를 차지한다."
> - 월드워치 연구소(Worldwatch Institute)의 2009년 보고서

> "축산업이 발생시키는 온실가스의 양은 비행기, 자동차, 트럭, 기차, 배 등의 모든 교통수단으로 인한 온실가스의 양보다 더 많다."
> - 국제연합기구(United Nations)

캘리포니아대학의 교수는 100년이 지나도 변화를 느끼기 어려운 이산화탄소보다 수십 년 안에 효과를 볼 수 있는 메탄을 먼저 줄이는 것이 훨씬 효율적인 방법이라고 말한다. 지구 온난화에 미치는 영향이 이산화탄소보다 296배 높은 아산화질소의 약 65%가 축산업에서 발생한다. 지금도 불타며 사라지고 있는 아마존 열대우림의 약 91%는 축산업의 소들과 가축사료용 GM 작물을 키우는 농장이 되었다. 축산업은 세계 담수 소비량의 약 30%, 지구 표면의 토지 사용면적의 약 45%를 차지한다. 게다가 전 인류의 배설물 양의 130배에 해당하는 가축 배설물을 제대로 처리하지 않아 땅과 물을 오염시키고 있으며, 바다로 흘러 들어간 이러한 오물은 500곳 이상에서 더 이상 생명이 살 수 없는 죽음의 구역(Dead zone)을 만들었다.

코로나19 또한 인간의 '동물 착취-생태계 파괴-기후위기'의 결과물의 하나이자 자연이 우리에게 보내는 경고이다. 세계보건기구(WHO)에 따르면 지난 50년간 발생한 조류독감, 광우병, 에볼라바이러스, 신종플루, 사스, 메르스, 에이즈 같은 세계적 유행 감염병의 70%는 전부 동물 착취, 야생동물의 사냥과 거래, 과도한 육식으로부터 발생했다. 무분별한 육식과 동물 착취를 멈추지 않는 한 점점 더 자주 발생하는 가축 전염병처럼 인간 전염병도 계속해서 발생할 수밖에 없다.

그래도 우리는 멸종에 저항해볼 수 있다

◆◆◆

그래도 요즘에는 꽤 자주 기후위기에 관한 소식이 들려오고, 수십 년 전부터 과학자들은 계속해서 경고를 보내고 있지만 각국의 결정권을 가진 사람들과 거대 기업들은 여전히 욕심을 버리지 못한다. 인간이 파괴하는 생태계의 규모는 입이 떡 벌어질 정도로 어마어마하고, 동·식물은 그 수가 급격히 줄어드는 것으로 모자라 수많은 생물종이 멸종위기에 처해 곧 지구에서 그들을 볼 수 없게 될 형편이다. 현대사회 수십억 명의 인간들은 자신들의 선택이 불러오는 결과를 아는지 모르는지 매일같이 육식을 하고, 음식과 물건을 낭비하고 있다. 동시에 아직도 지구 반대편의 수억 명은 먹을 것이 없어서 굶어죽고 있다.

알면 알수록 금방이라도 무너져 내릴 벼랑 끝에 매달려 있는 기분이 든다. 거대한 대자연 앞에서 하염없이 작아지고, 더 이상 손을 써볼 수도 돌이킬 수도 없을 만큼 너무 멀리 와버린 느낌도 든다. 아무리 발버둥 쳐봐도 벗어날 수 없을 것 같은 절망감, 불난 집에 불을 끄려 하기는 커녕 도리어 불씨를 던지는 사람들이 너무 많아 나의 작은 노력이 아무런 소용이 없는 것 같은 막막함까지 느껴진다. 가끔 그런 두려움, 불안함, 무기력감이 밀려올 때면 실낱같은 '희망'의 끈을 놓아버리고 싶기도 하다.

그저 큰일이라고만 느껴지지만 어쨌든 이건 우리 모두가 저지른 일이다. 그러므로 우리가 해결할 수도 있다. 모든 것을 무차별하게 파괴만 하는 인간들도 있지만 곳곳에는 자연을 지키기 위해 노력하는 사람들도 존재한다. 불행 중 다행은 우리가 '왜' 이렇게 되었고, '어떻게' 하면 되는지에 대한 방법을 전부 알고 있을 뿐만 아니라 기술도 준비되어 있고, 더 많은 해결 방법을 찾아내는 중이라는 것이다. 자동차 대신 대중교통이나 자전거를 타기 좋은 도시 만들기, 전기자동차 구매 지원, 전기충전소 설치와 관리하기, 탄소 제로 건물 짓기, 태양광 패널 설치하기, 석유화학 플라스틱을 생분해 가능한 플라스틱으로 대체하기, 바다 보호구역 지정하기, 유기농업에 보조금 지원하기, 단체 급식의 채식 보편화, 탄소세와 육류세 부가하기 등 정책이 바뀌고 예산과 시간이 필요한 변화도 있다. 하지만 지금 당장 개개인이 식단을 바꾸는 것만큼 가장 쉽고 빠르게 할 수 있는 강력한 변화는 없다.

지구에 인구가 70억 명일 때, 인간이 이용하기 위해 키우는 동물은 700억 마리 이상이다. 소 15억 마리를 키우려면 인간 70억 명 대비 필요한 물은 약 8배, 사료는 약 6배 이상이다. 사람들이 동물을 먹지 않는다면 동물을 이렇게 많이 키우고 죽일 필요가 없다. 소를 키우지 않으면 대기로 배출되는 메탄가스의 양이 급격히 감소한다. 가축 사료용 GM 작물과 가축을 키울 목적으로 진행되던 아마존 열대우림의 파괴를 멈추면 숲을 되돌릴 수 있다. 야생의 동·식물이 돌아오고 건강해진 숲은 다시 이산화탄소를 빨아들일 것이다. 물살이를 먹지 않고 더 많은 바다 보호구역을 지정한다면 남획과 양식업으로 파괴되던 해양 생태계와 바다가 건강을 되찾을 수 있다. 동물 착취와 각종 축산업 폐기물로 인한 물, 공기, 땅의 오염이 줄고, 가축 사육에 쓰던 땅에는 더 많은 인간이 먹을 작물을 재배할 수 있다.

우리에게는 인터넷이 있다. 사람들은 언제 어디서든 필요한 정보를 찾고 공유할 수 있다. 이제 권력과 돈을 가진 몇몇 사람들이 전문가들의 입을 막고, 대중의 눈과 귀를 막아 자기들 마음대로 휘두르는 것은 예전처럼 쉽지 않다. 당연히 채식이 모든 문제를 당장 해결할 수는 없고, 수요가 줄어드는 것만으로 이같은 변화를 이끌어내기는 어려울지도 모른다. 오늘 내가 변한다고 해서 내일 세상이 하루아침에 변하지는 않을 것이다. 그렇지만 내가 변했고, 주변에도 환경을 위한 고민과 노력, 선택을 하는 사람들이 점점 늘어나고 있다. 이런 사람들이 축산업의 진실을 알게 된다면 지금 당장 멈추지는 못하더라도 매순간 조금씩 더 의식적인 선택을 하며 소비를 줄이게 될 것이다.

개개인이 알고 있는 것을 실천하며 끊임없이 올바른 정책을 요구하는 목소리를 내는 일은 매일 모두가 조금 더 나은 환경에서 살 수 있도록 하는 길이다. 절망감이 들 때면 한 팟캐스트 제목의 뜻을 떠올린다. "세상의 극적인 변화들은 3.5%의 변화가 일어났을 때 가능했다." 지구환경이 지금처럼 망가진 것도 소수의 인간들이 시작한 일이다. 우리 중 3.5%가 변하면 사회가 변하고 따라서 세상도 변한다.

12
단계

불필요한 낭비와 소유,
쓰레기 최대한 줄이기

○ 일회용품 사용을 최대한 지양하고 장바구니, 텀블러, 다회용 용기 가지고 다니기

일회용품과 플라스틱 쓰레기 문제는 점점 더 심각해지고만 있지만 아직도 플라스틱을 사용하지 않는 하루를 보내는 것마저 어려운 것이 현실이다. 매장용 머그컵이나 유리잔에 달라고 했지만 깜빡하고 물어보지 않은 플라스틱 빨대가 나오고, 급하게 나오느라 텀블러나 천 가방을 챙기지 못한 날에는 할 수 없이 일회용품을 사용하거나 음식을 사지 못한다. 최근에는 불필요한 개별 포장이 점점 더 많이 보인다. 우리가 무의식적으로 사용하는 플라스틱, 일회용품을 버리지 않고 모아 본다면 그 양은 어마어마할 것이다. 망가질 때까지 반영구적으로 사용할 수 있는 가방이나 컵, 다회용기를 챙겨 다니는 습관을 들여본다.

○ 안 쓰는 옷과 물건 정리하고 판매, 나눔, 기부하기

대부분의 사람은 버리지 못하고 쟁여두는 입지 않는 옷과 사용하지 않는 물건들을 많이 가지고 있다. 정리를 하다 보면 가지고 있다는 사실조차 잊고 있었던 물건들이 나오고, 한동안 손대지 않은 것들도 발견한다. 책은 중고서점에 팔거나 기부하고, 옷이나 물건은 당근마켓이나 번개장터 같은 중고거래 앱을 사

용해 판매할 수 있다. 상태가 좋은 물건은 아름다운가게, 굿윌 스토어에 기부할 수 있고, 나머지는 헌옷 수거함에 넣고, 헌옷 수거함에 넣을 수 없는 헌 수건이나 이불은 근처 유기견 보호소에 기부해 본다.

○ **기간을 정해 옷, 신발, 가방 '소비 휴식기간' 가져보기, 꼭 사야겠다면 중고로 구매해보기**

꼭 필요하고 자주 사용하는 물건만 남기고 정리를 마쳤다면 마음의 준비를 하고 소비 휴식기간을 가져볼 수 있다. 가지고 있는 옷, 신발, 가방 중에서 33가지 아이템만 골라 3개월 동안 돌려가면서 입는 캡슐옷장이라고 불리는 333 프로젝트를 시도해 본다. 3개월간 소비휴식을 할 수도 있고, 나아가 1년 동안 새로운 물건을 사지 않는 것을 계획하고 실천해볼 수도 있다. 정말 꼭 필요하다고 생각되지만 아직 없는 것이나, 꼭 필요한 것이 갑자기 망가져서 새로 사야 하는 상황이라면 새것을 사기 전에 괜찮은 중고물건이 있는지 먼저 찾아본다.

INFORMATION

• 책

『쓰레기책』, 이동학 지음, 오도스

『나는 비우며 살기로 했다』, 비움 지음, 프로방스

『나는 쓰레기 없이 산다(Zero Waste Home)』, 비 존슨 지음, 박미영 옮김, 청림Life

• 영화·다큐멘터리

<플라스틱의 모든 것(The Story of Plastic)>(2019)

<먹을래? 먹을래!(Just Eat it: A Food Waste Story)>(2014)

<미니멀리즘(Minimalism)>(2015)

<더 트루 코스트(True Cost)>(2015)

<노 임팩트 맨(No Impact Man)>(2009)

• 유튜브 채널

서울환경연합(도와줘요 쓰레기박사!)

• 애플리케이션

번개장터, 당근마켓

• 안 쓰는 옷과 물건 기부

아름다운가게: beautifulstore.org

굿윌스토어: goodwillstore.org

• 제로 웨이스트 쇼핑

더 피커: thepicker.net(온/오프라인)

지구샵: jigushop.co.kr(온라인)

알맹상점: almang.modoo.at(오프라인)

쓰레기 제로와 물건 간소화

내 손을 떠난 쓰레기의 운명

◆◆◆

쓰레기 만들지 않기에 하루라도 도전해보면 자연식물식과 동물 착취 없는 소비가 더 이상 어려워 보이지 않는다. 특히 어려운 플라스틱 사용 피하기와 매일 만들어내는 쓰레기의 양을 의식해보면 금세 갑갑함이 밀려온다. 먹고 싶은 비건 가공식품이 플라스틱에 들어 있어 망설이고, 플라스틱 포장이 된 유기농 작물과 포장 없이 구매가 가능한 시장의 일반 작물 사이에서 고민한다. 친환경 제품을 사고 싶지만 실크로 만든 치실, 돼지털로 만든 솔, 밀랍으로 만든 다회용 랩은 동물성 재료를 사용했다. 쓰레기를 만들기 싫어 테이크아웃 대신 카페 안에서 먹어도 플라스틱 빨대를 주고, 스티로폼 용기를 사용해 포장하지 않으면 식당에서 먹다 남은 음식은 음식물 쓰레기가 된다.

유럽에는 비닐에 싸여 있지 않은 과일과 채소를 담을 수 있는 종이봉투, 유리병에 든 물과 음료, 작은 종이박스에 담긴 딸기나 블루베리, 생분해성 비닐이나 종이로 포장된 비건 초콜릿, 포장 없이 구입할 수 있는 강아지 간식까지 있다. 반면에 한국 슈퍼마켓의 거의 모든 채소와 과일은 언제부턴가 스티로폼과 랩에 싸여 있다. '살림 잘하는 법'이라며 방송에서는 비닐봉투에 소분해놓기가 나오고, '오래 보관하는 법'이라며 사과를 하나하나 랩으로 감싼다. '위생적'이라며 물티슈를 너무 많이 사용하고, 점점 더 작은 크기와 단위로 개별 포장된 상품이 나온다.

대부분의 사람은 일반 쓰레기나 음식물 쓰레기, 재활용품을 잘 분리해서 씻고, 뚜껑이나 포장과 테이프를 제거해서 버린다. 이렇게 정성스럽게 분리해서 버리면 '알아서 잘 처리하겠지'라고 생각하며 전부 재활용이 될 것이라고 믿어 의심치 않는다. 그러나 현실은 그리 간단하지도 아름답지도 않다. 제대로 분리되지도 않은 처치 곤란인 음식물 쓰레기를 가축에게 먹인다. 그제야 왜 음식물 쓰레기에 식물의 잔해와 흙, 딱딱한 과일껍질, 달걀껍데기, 동물의 뼈와 가시, 양파나 옥수수 껍질, 과일 씨앗을 버리지 말라고 하는지 알게 되었다. 적절한 양의 동·식물의 잔해는 분해되는 데 시간이 걸리지만 썩혀서 퇴비화할 수 있고, 종이나 유리, 철 같은 재료는 여러 번 재활용이 가능하기라도 한다.

> "1950년부터 지금껏 만들어진 수십 톤의 전체 플라스틱 중 오직 9% 정도만이 '재활용'되었다."
> – <사이언스 어드밴스 저널(Science Advances)>

재활용이 가능한 플라스틱도 대부분은 가치하향성 다운사이클(Downcycle)로 한 번 정도 더 사용되고, 매립되거나 소각되지 못하면 어딘가를 떠돌아다니는 신세가 된다. 플라스틱 재활용 과정을 알아보면 쓰레기더미 중 쓸 만한 것을 골라 잘게 자르고, 씻어서 녹인다. 잘게 자른 플라스틱을 씻은 폐수는 처리과정 없이 그대로 방류되고, 녹이는 과정에서는 유독한 휘발성 물질이 발생한다. 2018년, 전 세계 폐플라스틱의 절반 이상을 받던 중국이 수입을 중단하면서 가격이 폭락했다. 매립할 땅에는 한계가 있고, 세계 곳곳의 썩지 않는 쓰레기 산은 늘어만 간다.

게다가 플라스틱을 소각할 때 발생하는 독성 물질은 기후위기를 부추기고, 소각장 주변의 환경을 오염시키며 주민들을 병들게 한다.

태평양 거대 쓰레기 지대의 구성 물질 대부분은 플라스틱이며, 최초로 만들어진 플라스틱도 아직 어딘가에 존재하고 있다. 분해되지 않고 잘게 부서진 플라스틱 조각에는 바다냄새로 동물들을 헷갈리게 만드는 플랑크톤과 다이옥신 같은 독성 물질이 쉽게 달라붙는다. 지금도 수많은 바닷새와 바다동물이 플라스틱을 먹으며 죽어간다. 미세플라스틱은 이제 바다동물과 전 세계 바다소금의 90% 이상에서 발견되고, 전 세계 수돗물의 83%, 생수 93%에서도 검출되고 있다.

사람들의 건강과 자연환경보다 당장의 이익을 지키는 것에 더 관심이 있는 석유화학산업은 화석연료의 사용이 줄어들자 플라스틱 생산을 늘리고 가격을 내린다. 기업은 저렴한 플라스틱으로 포장재를 만들어 공급한다. 재활용이 불가능한 쓰레기를 만들지 않을 선택지가 없는 세상에서 플라스틱 소비를 멈추는 것이 과연 가능한 것일까?

유행도 신상도 결국엔 쓰레기

◆◆◆

고등학교를 졸업한 후 패션디자인을 공부했고, 여러 나라의 의류매장에서 일을 했다. 패션잡지를 구독하며 최신 유행을 줄줄이 꿰고, 세일을 하거나 가격이 저렴하다는 이유로 완전히 만족스럽지 않은 것들을 구입하며 디자인이나 색감이 조금씩 다르지만 비슷한 옷들이 늘어났다. 이상하게 가진 옷이 늘어날수록 입을 것은 없고, 사고 싶은 건 많아졌다. 새 시즌에 유행하는 아이템을 따라서 사고, 계절이 바뀔 때마다 새 옷이 필요하다고 생각하며 스트레스를 '쇼핑 테라피'로 풀면서 옷, 가방, 신발과 주얼리가 가득한 드레스 룸을 꿈꾼 적도 있다.

몇몇 나라에서 한두 해씩 살다 보니 꼭 필요하고 자주 사용하지 않는 물건은 계속 들고 다니기만 하는 짐이 되었다. 짐은 적을수록 좋으며 정말 필요한 것은 어디에서든지 구할 수 있다는 사실을 알게 되었다. 처음에는 여러 가지 물건들을 바리바리 챙기며 짐을 쌌다. 언젠가는 필요할 것 같은 것, 왠지 그냥 가지고 싶은 것에 대한 욕심을 버리고 매번 집에 돌아올 때마다 짐을 점점 줄여나갔다. 처음에는 절대로 버릴 수 없다고 생각했던 것들도 시간이 지나니 놓아줄 수 있었다.

옷이나 물건은 버릴 때 쓰레기를 만드는 것뿐만 아니라 만드는 과정에서도 어마어마한 환경 파괴와 오염, 인권 유린과 착취가 일어난다. 한 번 쓰고 버리는 물건을 많이 사는 일은 되도록 피하고, 가능한 오래 사용할 수 있는 친환경 제품을 필요한 만큼만 소유하게 되었다. 1년 동안 꼭 필요하고 사용할 물건들만 있으면 얼마든지 문제없이 살 수 있다. 자주 쓰지 않는 사치스런 물건은 계속해서 관리를 해줘야 하고 혹여나 부서질까, 누가 훔쳐갈까 불안하다. 옷이 아무리 많아도 자주 입는 몇 가지만 돌려 입는다. 사용하지 않는 물건은 자리만 차지하고, 이사를 다닐 때 짐이 되고, 결국 언젠가는 처치 곤란한 쓰레기가 되어버린다.

이제는 어떤 물건이 갖거나 사고 싶은 마음이 들 때 먼저 생각하는 기준이 생겼다. '비건인가? 크루얼티 프리인가? 친환경인가? 꼭 필요한 것인가? 이미 비슷한 것을 가지고 있나? 얼마나 오래 사용 가능한가? 이동할 때마다 가지고 다닐 것인가? 나중에 버리면 재활용되거나 썩어 사라질까?' 꼭 비건을 지향하지 않더라도 환경을 위해 일회용품과 플라스틱의 사용을 줄이고, 사람들에 대한 착취와 다국적 거대 기업의 횡포를 줄이는 일에 조금이라도 도움이 되려는 마음에 공정무역 제품을 찾고, 악덕

기업의 물건은 반드시 불매하려는 사람들이 늘고 있다.

비건과 쓰레기 제로를 지향한 후 사고 싶거나 필요한 것이 확연히 줄었다. 꼭 필요한 것이라고 여겨지던 수많은 물건이 사실은 없어도 괜찮다는 것을 알게 되었다. 대부분 동물실험을 하고, 다 쓰지도 못하고 버리는 화장품이 없으니 생활이 한결 편해졌다. 플라스틱 통에 화학약품 범벅인 샴푸, 린스, 트리트먼트, 보디샤워 대신 식물성 천연 재료로 만든 샴푸바 하나면 충분하다. 자주 사야 하고, 썩지도 않으며 유해한 화학물질이 잔뜩 들어 있는 월경대를 실리콘 월경컵과 면 월경대로 바꾸니 손세탁은 약간 번거롭지만 여러 해 동안 쓰레기도 나오지 않고, 지출도 줄고, 여행을 할 때 짐도 간단해졌다.

육식을 참는 것이 아니라 그것이 더 이상 음식으로 보이지 않아 먹지 않고, 채식이 정말 맛있고 즐거워서 지속하고 있다. 이처럼 쓰레기 제로와 간소화를 실천하다 보니 정말로 '필요'한 것도 아니고 친환경 제품도 아니면 더 이상 사고 싶은 물건이 아니라 결국엔 짐이나 쓰레기가 될 것으로 보인다. 가지고 있는 물건이 줄어들며 물건 관리에 드는 시간은 줄고, 활용 가능한 공간은 넓어졌다. 친환경 자연 성분의 생활용품을 사용하니 자연스럽게 유해한 화학물질을 피해 피부와 건강이 좋아졌다. 게

다가 사용한 물의 오염도 줄일 수 있다. 불필요한 소비가 줄어
드니 배출하는 쓰레기의 양도 줄고 경제적인 여유도 늘어났다.

꼭 필요한 것은 이미 가지고 있다

◆◆◆

여행은 너무 좋지만 짐 챙기기와 그 짐을 짊어지고 다니는
것은 하나도 좋지 않다. 아직도 짐을 싸는 건 여행의 과정 중 가
장 귀찮은 일이다. 그러나 가진 물건이 줄어들고 나니 짐을 싸
고 푸는 시간도 전보다 적게 들고 가방도 한결 가벼워졌다. 몸
에 좋은 건 입에 쓰다는 말이 있다. 성가시기만 한 줄 알았던 짐
챙기기는 물건 간소화에 도움이 되었다. 물건을 집에 모셔만 두
고 사용하지 않으면 있는지도 모른 채 또 사게 되고, 자리만 차
지하게 된다. 1년 동안 사용할 물건을 챙기고, 그 물건으로 살
아보니 시간이 지나 나에게 정말 필요한 것이 무엇인지 확실히
알게 되었다.

대부분의 사람은 살아가는 데 꼭 필요한 것들을 이미 가지고
있다. 사실 꼭 필요한 것보다 없어도 괜찮은 것들을 훨씬 많이
가지고 있다. 일반적으로 새 물건을 사는 이유는 꼭 필요해서가

아니다. 새로 나온 모델이기 때문에, 내 것보다 성능이 좋기 때문에, 갖고 있는 것과 다른 색깔이라서, 광고를 봤는데 좋아 보여서, 다른 사람들이 다 가지고 있어서, 예뻐서, 필요할 것 같아서, 그냥 사고 싶어서, 스트레스를 풀기 위해서, 가격이 저렴하기 때문에, 유행이니까….

시간 간격을 두고 가지고 있는 물건을 전부 꺼내놓고 정리하기를 여러 번 해도, 매번 한두 상자를 채울 만큼의 더 이상 사용하지 않거나 필요하지 않은 물건들이 나온다. 주변에 나눔을 하거나 팔고, 내다버렸는데 아직도 가진 물건을 전부 다 사용하지 않는다. 예전에 비하면 적은 편이지만 아직도 버리거나 처리할 준비가 되지 않은 물건들이 많이 남아 있다. 이 또한 어느 정도 시간이 지나면 미련을 버릴 수 있게 될 때가 올 것이다.

요즘엔 물건을 새로 사는 것이 정말 쉽고 편하다. 하지만 이미 가지고 있는 물건을 버리기는 너무 어렵다. 물건을 살 때 내가 지불했던 가격이 생각나 아깝고, 추억이 담겨있으면 지금은 아무 쓸모가 없는 물건도 쉽게 버릴 수 없다. 내 손을 떠난 다음 쓰레기가 되어 어딘가로 흘러갈 생각을 하면 더더욱 망설여진다.

물건 버리기의 어려움을 깨닫고 나니 새 물건을 살 때의 마음가짐도 변했다. 언젠가는 버리게 될 때가 올 것이고, 물건을 만들 때와 버리고 난 다음의 환경 오염과 파괴, 물건을 구매할 때의 값어치는 사라진다는 사실을 생각해보면 여러 번의 고민 없이는 선뜻 구매할 수가 없다.

물건 간소화와 미니멀리즘에 대해 찾아보면 가진 물건을 다 늘어놓아도 100가지가 넘지 않거나 배낭 하나에 다 들어갈 만큼의 물건만을 사용하며 정말 편하고 좋다고 말하는 사람들이 있다. 나는 아직 물건이 저렇게 적으면 불편할 것 같은 걱정과 굳이 그 정도까지는 하고 싶지 않다는 생각이 먼저 떠오른다. 너무 스트레스를 받거나 생활이 불편하지 않은 선에서 하고 싶은 만큼, 할 수 있는 만큼만 실천하는 것은 아무것도 하지 않는 것보다 훨씬 낫다.

사실 별로 필요하지 않고, 자주 사용하지도 않을 것들을 사서 가지려면 그만큼 더 많은 시간을 일해야 한다. 열심히 일만 하다 보면 돈을 쓰면서 스트레스를 풀며 보상을 받으려 한다. 굳이 돈을 쓰는 것으로 스트레스를 풀고 싶다면 꼭 물건을 사지 않으면서도 할 수 있다. 좋아하는 음식점에 가서 맛있는 음식을 먹기, 책을 사서 읽기, 강연과 세미나 듣기, 배우고 싶었던 수업에 참여하기, 미술관에 가서 아름다운 작품 감상하기, 영화나 연극, 뮤지컬 관람하기, 온천에 가기, 마사지 받기, 비영리단체에 기부하기, 여행가기 등 좋은 경험과 의미 있는 일에 지출할 때 물건을 사는 것보다 더 큰 행복감을 느낀다는 연구결과도 있다. 1년 중 9개월을 일해 번 돈으로 나머지 3개월을 여행하면서 사는 삶을 지향하는 로비는 이렇게 말했다.

"돈이나 비싼 물건은 남이 훔쳐갈 수도 잃어버릴 수도 있지만 경험과 기술은 남이 빼앗을 수 없는 온전한 나만의 것이다."

13
단계

비건 지향 실천의 경험을
돌아보고 이야기하기

○ 내 몸과 마음의 변화 느껴보기

처음에는 의심도 들고 걱정도 되고 불안하기도 하다. 무엇이든 처음에는 새롭고, 낯설고, 실수도 하게 된다. 그러면서 점점 익숙해지고, 요령과 안정감이 생긴다. 의심이 되면 더 많은 자료를 찾아서 알아보고, 걱정이 되면 직접 경험해보고, 불안하면 이미 경험이 있는 다른 사람들과 이야기를 해본다. 경험이 점점 쌓이면 직접 해보기 전에는 너무 어렵고 힘들 것같이 느껴졌던 일들이 사실 별게 아님을 알게 된다. 아무리 좋은 것도 내가 직접 경험하고 느끼기 전까지는 제대로 알 수 없다. 2주일만 시도해봐도 몸과 생각, 마음의 변화를 직접 느낄 수 있다.

○ 아끼는 사람들과 함께 맛있는 비건 음식을 먹으며 경험 나누기

육식을 하고 있는 사람에게 동물 이야기나 육식의 문제점에 대해 이야기하면 그 순간에는 죄책감만을 일으키는 듣기 싫은 소리로 들릴 수 있다. 비거니즘이라는 개념이 낯설게 느껴지고, 육식은 맛있고 건강한 것이라고 생각하고 있다면 의심과 거부감이 먼저 들 수 있다. 직접 음식을 만들거나, 식당에 같이 가서 맛있게 식사를 함께하면서 비건 음식도 충분히 맛있다는 것을 알려줄 수 있다. 그러면 그다음에 따라오는 이야기들에 조금 더

귀를 기울이고, 마음을 열게 될 것이다. 책이나 영화에서 본 것보다는 지인이 직접 경험한 일을 들었을 때 더 '나도 한번 해볼까?' 하는 마음이 들게 된다.

○ 비건 친구 만들기, 비건 행사 참여해보기

친한 친구들과 같이 다큐멘터리를 보고, 요리를 해서 먹으며 이야기하다 보면 먼저 관심을 갖고, 여러 가지 질문을 하며 같이 해보려는 사람들이 하나 둘씩 늘어날 것이다. 온라인에서는 비건인 사람들을 찾기가 더 쉽다. 트위터에 #나의비거니즘일기 해쉬태그를 검색하면 닉네임에 Ⓥ 표시를 붙인 비건을 지향하는 사람들을 찾을 수 있다. 온라인 카페나 그룹, 그룹 채팅방에 들어갈 수도 있고, 채식 요리교실이나 강의를 찾아 들을 수도 있다. 비건 페스티벌이나 비건 캠프가 열릴 때 (아직 비건이 아닌 친구와도 함께) 참가하거나, 동물권 행동에 참여하고, 새벽이 생추어리(구조된 농장동물 보호소)로 자원봉사를 갈 수도 있다.

• 책

『사랑할까, 먹을까』, 황윤 지음, 휴

『나의 비거니즘 만화』, 보선 지음, 푸른숲

『고기로 태어나서』, 한승태 지음, 시대의창

• 영화·다큐멘터리

<지구치유프로젝트 H.O.P.E.(What you eat Matters)>(2018)

<더불어 사는 삶(Live and let live)>(2013)

<'Casa de Carne': Last Chance for Animals>(2019, 단편)

• 비건 행사·커뮤니티

비건 페스타: veganfesta.com

비건 페스티벌: facebook.com/vegankorea/

비건캠프: facebook.com/vegancamp.M/

한울벗채식나라: cafe.naver.com/ululul

채식공감(Vegan Gong-gam): facebook.com/groups/vegan.gonggam/

관계와 연결

내면의 변화

♦♦♦

비거니즘을 모르고 비건 생활을 직접 경험해보기 전에는 채식주의자와 비건을 그저 불편하고 어려운 선택을 하고 무언가를 희생하고 있는 사람들로만 보았다. 편견을 가졌고, 오해를 했고, 되도 않는 걱정을 했다. 그래서 더더욱 내가 비건이 된다는 건 상상도 할 수 없었다. 처음에는 이런저런 걱정도 했지만 일단 결정을 내리고 나니 조금씩 알아가고, 실천하는 일은 생각보다 수월했다. 불편한 점도 물론 있지만 꼭 이것 때문이 아니어도 불편한 점은 어디에나 있고, 힘든 점보다는 좋은 점이 훨씬 더 많았다. 나는 '희생'이라는 말은 좋아하지 않는다. 나 때문에 누군가를 희생시키고 싶지도 않고, 내가 희생하고 싶은 마음도 별로 없다. 아무도 희생하지 않으면서 모두가 행복할 수 있는 방법을 찾고 싶다. 아무리 훌륭하고 올바른 행동이나 실천도 내가 먼저 행복하지 않다면 지속할 수 없다.

사람은 나이를 먹으면 병에 걸리는 것을 피하기 어렵고, 매일 약을 먹으며 자주 병원에 다니게 되며, 앓다가 죽는 것이 당연한 것인 줄로만 알던 때가 있었다. 힘없고 병든 노인이 되는 것이 무서워 너무 오래는 살고 싶지 않다는 생각까지 했었다. 피부에 염증이 나고, 위염이나 장염에 걸리는 것이 내가 먹는 것과 관련이 있다는 사실과 수많은 병의 원인이 먹는 것 때문이고 음식으로 예방하고 치료할 수 있다는 것을 알게 되었다. 그동안 별 생각 없이 먹던 유전자 조작 작물과 화학물질이 몸에 어떤 영향을 어떻게 미치는지 이제는 알게 되었고, 피하게 되었다. "무엇이 몸에 안 좋대"라는 말을 들으면 예전처럼 '뭐 얼마나 안 좋겠어' 하고 넘기는 대신 자세히 알아보게 되었다. 무엇을 언제 어떻게 먹을지 말지 내가 직접 선택하고, 몸의 반응을 살펴보게 되었다. 그럼으로써 내 몸에 대해서 좀 더 알고 이해하고, 아끼고 돌보게 되었다. 여러 가지 병을 예방하는 생활 습관과 방법을 알게 되었다. 이제 나이를 먹는 것이 더 이상 두렵지 않다.

　내 몸과 연결되고, 생각과 행동이 일치하게 되자 마음도 더 편안해졌다. 동물을 사랑한다고 말하고, 동물 학대와 폭력을 보고 분노하면서 동물을 먹거나 입는 행동은 몸과 마음을 불편하게 만든다. 자세한 상황까지는 몰라도 동물을 먹고 입으려면 그들이 죽어야 한다는 것은 알고 있다. 이런 동물과 저런 동물은 '다르다', 다른 사람들도 하기 때문에 '괜찮다', 나는 '자세히 알고 싶지 않다'는 생각으로 계속해서 단절시키고, 외면하고, 변명을 늘어놓고, 죄책감에 시달리는 것은 식당에 가서 일일이 재료를 물어보고 빼달라고 요청하거나, 비건 제품이 없어서 물건을 사지 못하는 것보다 더 괴롭다. 매순간 최선을 다해서 누군가가 죽거나 착취당한 결과물을 피하는 선택을 하고 나면 당시 상황은 조금 불편하더라도 안심은 된다. 우리는 누군가를 도울 때 행복과 보람을 느낀다. 다른 생명을 존중하고, 공감, 연민, 애정을 느끼는 것은 나 자신을 더욱 존중하고 사랑하게 만든다.

　비거니즘 공부는 아무리 해도 끝이 없어 심심할 틈이 없다. 생각지도 못했던 부분에서 일어나는 동물 착취를 알게 되고, 몰랐던 분야에 관심을 갖고 살펴보면서 연결점을 찾게 된다. 대충 알았던 것도 깊게 파고 들어가면 또 깜짝 놀랄 새로운 정보를 알게 된다. 주어진 선택지 밖에서 선택할 수 있다는 것을 알게 되면서 보다 나은 선택을 할 수 있게 되었다. 매 순간 나의 선택과 행동을 지켜보고 성찰하면서 다시 다짐한다. 비건 지향이 마냥 쉽지만은 않은 지금 아무도 해치지 않은 한 끼의 식사, 윤리적인 소비를 한 번씩 실천할 때마다 작은 성취감을 느낀다. 더이상 못할 것도 없다는 자신감도 생긴다. 비건을 지향하는 대부분의 사람들에게 비건 지향 생활에 혹시 단점이 있냐고 물어보면 그들은 입을 모아 이렇게 말한다. "조금 더 빨리 비건이 되지 못한 것이 아쉬울 뿐이다."

생명의 무게

◆◆◆

한 번은 간장이와 뒷산으로 아침 산책을 갔다가 태어난 지 얼마 안 된 아주 어린 작은 강아지를 데리고 나온 엄마, 아빠, 두 명의 아이가 있는 가족과 마주쳤다. 강아지와 가족을 지나치고 수많은 생각이 떠올랐다. '펫숍에서 사왔을까?' '강아지를 키울 때의 힘든 점에 대해서 잘 알고 있을까?' '강아지가 늙어 죽을 때까지 가족과 함께할 수 있을까?' '강아지와 함께 살며 동물권에 관심을 갖게 될까?' 동시에 10년도 전에 내가 간장이를 데려왔던 때를 생각했다. 변명 같지만, 나는 그때 동물보호소에서 유기견을 구조할 수 있다는 사실을 알지 못했다. 때문에 번화가에 몰려 있는 펫숍 중 한 곳에서 간장이를 '사왔다.' 혹시 어디 아픈 데는 없는지 확인하기 위해 데려간 동물병원의 수의사는 이빨이 부정교합이라며 돌아가서 다른 애로 '바꿔도 된다'고 말했다. '펫숍'과 '애완동물'은 그런 것이었다. 그곳에서 이 여린 생명은 그저 '물건'일 뿐이었다.

당시의 나의 '동물 사랑'은 그저 예쁘고 귀여운 동물을 보며 한번 만져보고 싶고, 키우고 싶고, 갖고 싶어 하는 욕심에 더 가까웠다. 동물에 대해서, 동물과 함께 사는 것에 주어지는 책임감에 대해서도 한 번도 깊게 생각해보지 않았던 것 같다. 어떤 마음가짐을 가져야 할지도 몰랐다. 요즈음은 인간이 동물을 키운다는 것에 대한 고민을 가끔 한다. 내가 좋아서 데려와서, 내가 선택한 음식을 주고, 내가 여유 있는 시간에 가능한 만큼 산책을 시키는 걸로 동물은 과연 '행복'할 수 있을까?

동물이 정말 행복한지는 알 수 없지만 동물과 함께하는 것은 우리에게 그들을 더 이해하고 존중할 기회를 준다. 간장이와 살면서 같은 종의 동물들도 제각각 생김새와 성격이 다르고, 감정과 감각이 있다는 사실을 배웠고, 여러모로 더 깊게 생각해볼 수 있었다. 동물과 함께 살고, 길고양이를 돌보는 많은 사람들은 그렇지 않은 사람들보다 동물권에 관심이 많다. 그리고 그것이 비거니즘 실천으로 이어지는 경우도 많다. 그날 산에서 만난 그 가족이 강아지의 영향으로 언젠가 전부 비건이 되는 상상을 해보았다. 동물을 자주 접하지 않은 사람들은 대부분 동물을 무서워하거나 싫어하기까지 한다. 혐오는 대상에 가해지는 폭력과 착취에 대한 무관심과 외면으로 이어질 수 있다.

모든 생명은 소중하고 친절하게 대해야 한다고 배웠지만 생명존중을 어떻게 실천해야 하는지에 대해서는 자세히 배우지 못했다. 멸종 위기의 야생동물을 걱정하라고 배웠지만 그들을 멸종 위기로 내몰고 있는 원인이 되는 환경 파괴에 대해서는 이야기해주지 않았다. 동물 학대는 잘못된 일이라며 싫어하지만 우리가 이용하고 착취하는 동물들에게 가해지는 학대에 대해서는 외면하고 합리화하기만 했다. 동물의 생명은 소중하다는 것을 이해하면서도 바다동물과 곤충도 동물이고, 그들의 생명도 중요하다는 사실에는 관심이 없었다.

우리가 먹고, 입고, 이용하는 동물들의 생명은 우리가 아끼는 동물들의 생명과 똑같이 소중하다. 물속에 살거나, 크기가 작고, 따뜻하지 않거나 털이 없어도 동물은 동물이고 생명은 생명이다. 사람의 생명은 언제나 동물의 생명보다 더 중요하다고 배우고 그렇게 믿었지만, 이제는 그게 지극히 인간중심적인 생각이라는 의견에 더 동의하게 되었다. 나는 내 생명이 더 중요하다고 생각하지만 자연과 다른 동·식물들의 입장에서는 그게 아닐 수도 있다. 산채로 먹으면서 한 번도 고통을 느끼는지 관심을 가져본 적 없는 물살이들과 대수롭지 않게 여기던 작은 곤충들조차 관심을 가지고 살펴보면 다들 개성이 있고, 어쩌면 우리보다 더 열심히 살아가고 있다.

식물들마저 자세히 들여다보면 강한 삶에 대한 의지와 생명력을 지니고 있으며 아름답고 신비롭다. 우리 눈에 잘 띄지 않는 열대우림의 숲속, 바닷속, 땅속에서는 각종 동·식물들이 서로 상호작용하며 함께 어우러져 살아가고 있다. 모든 생명을 차별 없이 존중하고 함부로 대하지 않을 때 비로소 우리의 생명도 진정으로 존중받을 가치가 있지 않을까?

주변 사람들

◆◆◆

비웃음과 놀림, 인상 찌푸리기, 네가 '걱정'돼서 그런다고 하기, 사이비 종교냐고 하기, 이유도 없이 중얼대는 "그래도 고기는 먹어야지", "아직도 채식하냐?"고 하기 등은 내가 더 이상 '동물을 먹지 않는다'는 걸 알게 된 주변 사람들에게서 내가 경험한 불필요한 말과 행동들이다. 특히 더욱 예민했던 초반에는 나를 직접 향한 것이 아닌 비건을 향한 혐오와 비난, 조롱을 보는 것만으로도 쉽게 화가 나곤 했다. 대다수의 사람과 다른 선택을 하면 그들은 이런저런 말과 질문을 한다. 가끔 심하게 방어적이고 공격적인 태도를 보이는 사람들도 있지만, 그냥 궁금해서 호기심에 조심스럽게 물어보는 사람들이 훨씬 더 많다. 전에는 물어보는 말에 그냥 건조하게 대답했지만, 이제는 가능한 대답보다 직접 생각하고 답을 찾을 수 있는 질문으로 되물어본다. 화를 내고 요구를 해야 할 대상은 개인이 아니라 기업과 정부이며, 나도 처음부터 비건이 아니었고, 오랫동안 육식주의를 믿었으며 비슷한 질문을 했다는 사실을 잊지 말고, 공감하고, 진심을 다하려 한다.

주변 사람들의 영향력은 생각보다 크다. 비건이 되기로 했다는 말에 기뻐해준, 벌써 몇 년째 비건을 지향하고 있는 샤넬은 존재만으로 힘이 되었다. 회식을 할 때마다 꼭 비건 메뉴를 챙기고 선물까지 세심하게 신경 써준 사장님 덕분에 직장에서 이로 인한 스트레스를 받는 일은 없었다. 광고를 보고 내 생각이 났다며 알려준 조세핀 덕분에 런던의 비건 페스티벌에도 함께 가고, 그곳에서 캐럴 제이 애덤스의 강연도 듣고 직접 만나기도 했다. 같은 집에 살며 매일 함께 비건생활을 나누던 카리는 나에게 내가 가장 좋아하는 런던의 비건 식당을 소개시켜줬고, 비건나잇런던이라는 행사장에도 같이 가곤 했다.

비건이 되고 나서 주변 사람들이 다시 보였다. 나와 비슷한 시기에 지금보다 더 비건 불모지였던 한국에서 함께 비건 지향을 시작한 친구들, 메뉴에도 없는 비건 음식을 따로 만들어주는 친구들, 비건에 대해 더 찾아보고 이해하려고 노력하는 사촌 동생, 나와 같이 갈 수 있는 식당을 알아보고 조금 외진 곳에 있는 비건 뷔페까지 함께 가주는 지인들, 비건 제품에 꿀까지 안 된다고 꼼꼼하게 골라 생일선물을 챙겨주는 친구, 두부와 버섯을 꼭 챙겨서 사오고 동물성 재료를 빼고 손수 음식을 만들어주는 가족들, 동물을 먹는 것을 점점 줄여보겠다고 하는 지인들의 배려와 친절에 감동받고, 내 곁의 좋은 사람들에 대한 감사함과 소중함을 새삼 느꼈다.

일단 내가 만나고 함께 시간을 보내는 사람들만이라도 흔쾌히 협조를 해준다면 재료를 사서 직접 요리해서 먹고, 맛있는 비건 식당이나 채식 지원 식당에 같이 찾아가는 것도 즐겁다. 일반 식당에서 물어보고 요청해서 먹는 것도 괜찮다. 옆에서 이것저것 같이 하다 보면 지인들은 음식도 맛있고 비건 지향이 생각보다 어렵지 않다는 사실도 자연스럽게 알게 된다. 함께하면 공감대도 형성할 수 있고, 서로 의지도 되고, 정보를 공유할 수도 있어 혼자하는 것보다 훨씬 쉽고 즐거워진다.

비건이 되고 트위터와 인스타그램을 통해 한국과 해외의 여러 지역에 사는 다양한 비건 친구들도 생겼다. 이들을 통해 다양한 경험을 알게 되고, 많은 정보를 얻으며 좋은 영향을 받고 있다. 다들 어쩜 그렇게 요리도 잘하고 맛있는 걸 잘 먹고 다니는지 구경하는 것도 재미있고, 어떤 음식이나 식당이 유행하면 약속이라도 한 듯이 비슷한 날에 후기를 공유하는 것도 재미있다. 그들 덕분에 무심코 사용하는 단어에 동물 혐오의 의미가 있다는 것을 알게 되면서 사용하는 단어를 바꾸고, 귀여운 동물 영상에 감춰진 동물 학대를 알게 되었다. 성소수자와 성노동자, 장애인과 청소년에 대한 존중과 그들의 인권이 침해당하지 않는 사회를 만드는 것에도 관심을 갖게 되었다. 그럼으로써 나도 모르는 사이에 혹시 누군가가 나 때문에 상처받지는 않을까 더 조심하게 되었다.

　우리는 자주 만나고 소통하는 주변의 사람들과 서로 영향을 받는다. 말투가 닮아지기도 하고, 행동과 취향이 비슷해지기도 한다. 주변 사람들이 변하면 나에게 영향이 미치듯이 내가 변하면 주변 사람들도 나의 영향을 받는다. 매일 조금 더 열린 마음으로 관심을 가지고, 경청하고, 이해하고 배려하기 위해 노력하며 주변에 좋은 영향을 미치는 사람이 되고 싶다.

14
단계

앞으로의 나의 비건 생활 결정하기

○ 이제부터 어떤 선택을 할 것인가 생각하기

다른 사람들이 한다고 나까지 그렇게 해야만 하는 것은 아니다. 갑자기 한꺼번에 모든 것을 바꾸는 것이 어렵게 느껴진다면 지금부터 할 수 있는 나만의 기준을 세워서 지키려고 노력하면서 조금씩 정도를 늘려가는 것도 괜찮다. 육식하지 않는 날을 늘려가기, 집에서 먹을 땐 동물성 재료를 먹거나 사용하지 않기, 레시피를 찾아서 요리하기, 동기부여가 되는 책을 읽고 다큐멘터리를 보기, 친구와 함께 비건 맛집 탐방하기처럼 즐겁게 지속할 수 있는 방법을 찾아본다.

○ 무언가를 소비하기 전에 한 번 더 고민하기

소비자는 구매나 불매로 의견을 주장할 수 있고 변화를 일으킨다. 기업은 잘 팔리는 것과 안 팔리는 것, 사람들이 사고 싶어 하는 것에 관심이 많다. 부도덕한 기업의 상품을 불매운동하는 것처럼 비윤리적으로 생산된 상품은 불매한다. 꼭 사야 한다면 올바른 생각을 가진 회사의 좋은 물건을 산다. 여러 가지를 동시에 만드는 기업이라면 비건, 친환경 물건을 구매해 방향성을 제시하는 신호를 보낸다. 꼭 필요하지 않다면 굳이 구매하지 않는다.

○ 조금 더 나은 세상 만들기에 참여하기

나 자신이 실천하고, 주변 사람들과 함께 생활습관을 바꾸는 것은 그 자체로도 생각보다 영향력이 크다. 그러나 기업과 정부에 계속해서 요구하는 것은 더 크고 빠른 변화를 일으킬 수 있다. 시간은 없지만 돈이 있다면 활동을 하는 단체에 기부를 한다. 돈은 없지만 시간이 있다면 활동가들과 함께 행동할 수 있다. 기업에 소비자로서 성분을 문의하고, 좋아하는 식품이나 제품을 비건으로 만들어달라고 요구한다. 채식 선택권 보장이나 동물보호법을 강화하는 등의 청원에 참여하고, 주변에 알리며 변화에 동참한다.

VEGMOVIES(EN) vegmovies.com

• 책

『존 로빈스의 음식혁명(Thw food Revolution)』, 존 로빈스 지음, 안의정 옮김, 시공사

『비건 세상 만들기(How to create a Vegan world)』, 토바이어스 리나르트 지음, 전범선·양일수 옮김, 두루미

『식사에 대한 생각(The Way We Eat Now)』, 비 윌슨 지음, 김하현 옮김, 어크로스

『타인의 고통(Regarding the Pain of Others)』, 수전 손택 지음, 이재원 옮김, 이후

• 영화·다큐멘터리

<카운트다운 투 이어 제로(Countdown to Year Zero)>(2019)

<엔드게임 2050(Endgame2050)>(2020)

<2040>(2019)

<푸드 주식회사(Food Inc.)>(2018)

• 유튜브 채널(EN)

Earthling Ed(SURGE), Bite Size Vegan, Erin Janus, Beyond Carnism

• 비건, 친환경, 쓰레기 제로 지향 브랜드

의류	낫아워스: thenotours.com
	비건타이거: vegantigerkorea.com
세면도구, 생필품	동구밭: donggubat.com
	닥터노아: doctornoah.net
섹슈얼 헬스케어	이브EVE: evecondoms.com
화장품	아로마티카: aromatica.co.kr
	멜릭서: melixir.me
	디어달리아:deardahlia.com
	베리썸: berrisom.com
휴대폰케이스	펠라케이스: pelacase.com

'진짜' 선택하기

변화와 시작은 언제나 두렵다

◆◆◆

그저 원래 하던 대로, 남들이 다 하는 대로, 익숙한 대로 사는 것은 새로운 것을 받아들이기 위해 시간과 정성을 들여 알아보고, 적응하는 것보다 편하고 쉽다. 낯설고, 알 수 없고, 불확실하고, 예측할 수 없는 무언가는 설렘과 동시에 불안과 두려움을 불러일으킨다. 이제껏 당연하다고 믿고 있던 것이 사실은 잘못되었다는 생각지도 못했던 말을 들으면 당연히 의심이 들 수밖에 없다. 따로 생각해보고, 질문하고, 다양한 정보를 찾아보고, 내 몸과 마음이 어떻게 반응하는지 실험해보고 경험적으로 이해해야지만 마침내 진실로 받아들일 수 있다.

어떤 정보를 받아들일지 말지 결정하는 것은 개인의 선택이지만 맹신은 항상 경계해야 한다. 먼저 경험해본 사람들에게 물어보고, 여러 가지 자료를 찾다 보면 이해하기도 쉽고 배울 점도 많다. 하지만 잘 모르겠거나 나와 의견이 다른 점도 분명히 있다. 아무리 훌륭한 업적이 있는 사람이라도 그의 말이 전부다 옳은 것도 아니고, 유명한 전문가의 의견이라고 다 믿을 만한 것도 아니다.

전에는 그냥 그런가 보다 하고 대충 받아들였기 때문에 의도하지 않은 상태로 하고 싶지 않은 선택을 했다. 하지만 이제는 무엇이 되었든 의심하고, 더 생각해보고, 한 번 더 찾아보려고 한다. 새로운 것을 의심하고, 그동안 한 번도 의심하지 않고 당연하게 여겼던 것들에 대해 의심해보고, 이미 안다고 생각하는 것들에 대해서도 또 다시 의심해본다.

사실이라고 믿었던 것들이 거짓이고, 옳다고 믿었던 것들이 틀리고, 내가 선택했다고 믿은 것들이 사실은 나의 선택이 아닐 수도 있다. 주어진 선택지 가운데에서만 무언가를 고를 수 있다면 그건 내가 아닌 선택지를 만든 누군가가 원하는 선택이다.

현실은 육식주의 이외의 선택지가 주어지지 않거나 탈육식을 방해하도록 되어 있다. 단체 급식에는 동물성 재료가 빠지지 않고, 대부분 식당의 메뉴와 가공식품은 비육식 선택지가 없다. 또한 있다고 해도 접근성이 편리하지 않다. 아무리 건강에 더 좋고 윤리적이라고 해도 비건, 친환경, 쓰레기 제로의 음식과 물건을 구하기는 번거롭기도 하다. 가격이 부담스러운 상황에서는 신념을 지키는 소비를 하기가 어려운 게 사실이다.

선택지를 보기 전부터 원하던 것을 고를 수 있다면 좋겠지만, 원하는 것을 결정하기 전부터 이미 잘못된 정보가 나도 모르는 사이에 주입되었을 수도 있다. 학교에서는 우유를 먹기 싫어하는 아이들에게 우유송을 만들어 부르게 하며 반강제로 우유 급식을 제공한다. 불완전한 식물성 단백질보다 완전한 동물성 단백질을 먹어야 한다는 식의 육식주의 영양학을 가르친다. 미디어에서는 매일같이 육식을 찬양하고, 광고하며 동물성 단백질이 우리 몸에 꼭 필요하다고 반복적으로 보여준다. 이미 육식주의에 젖은 수많은 사람들은 아이들과 주변 사람들을 물들인다.

선택지로 주어진 것들 가운데에서 고르고, 다른 사람들이 하는 대로 따르는 건 쉽고 편하지만 나까지 꼭 그렇게 해야만 하는 건 아니다. 아무도 하지 않아도 옳은 것은 옳고, 모두가 하고 있어도 틀린 것은 틀리다. 선택할 권리보다 먼저인 것은 알 권리이다. 굳이 필요하지도 않은 육식을 어쩔 수 없이 선택하는 것은 제대로 알지 못하기 때문이다. 육식에 따르는 책임들을 정확히 안다면 대부분의 사람은 가능한 동물을 먹지 않으려 할 것이다. 확실한 인식이 없는 한 '진짜' 선택은 없다.

처음에는 모르는 것이 당연하다. 실수하면서 배우고, 시간이 지날수록 점점 익숙해진다. 완벽한 비건이란 환상일 뿐이다. 이 험난한 육식주의 세상에서 뭐라도 꾸준히 실천한다는 것에 의의를 둔다. 비건을 지향하면 동물 착취, 환경 파괴와 오염을 줄이고, 기후위기를 늦추며, 건강에까지 좋다. 비아냥대는 사람이 있을 수 있지만, 도와주고 함께하려는 사람들이 분명 나타날 것이다. 외식이 힘들어질 수도 있지만, 그동안 몰랐던 채식 식당을 찾고, 요리에 재미가 점점 붙고 실력이 늘어날 것이다. 손해를 보거나 잃을 것은 아무것도 없다.

내가 바꿀 수 있는 건 나 자신뿐이다

◆◆◆

비거니즘을 알고 실천하다 보니 욕심이 생겨났다. 이 모든 사실을 아직 모르는 사람들에게 알려줘서 비건이 되도록 도움을 주어 하루빨리 비건 세상을 만들고 싶었다. 육식주의 세상은 너무 끔찍하고 심각하게 느껴졌고, 비건 세상 만들기는 쉬울 것만 같았다. 사람들은 동물 학대를 싫어하고, 깨끗한 자연환경은 우리의 생존에 필수적이다. 기후위기가 점점 더 심각해지면 우리 모두가 살아남을 수 없으니 다 같이 잘 살기 위해서 다들 쉽게 받아들일 거라고 생각했다. 자연식물식은 동물성 재료에 비해 저렴하고 효율성이 높고, 이젠 육식 대체 상품들도 꽤 많이 있다. 수많은 사람들과 동물들을 구하고, 축산업의 열대우림 파괴를 막고, 물과 공기, 땅의 오염을 줄일 수 있는 해결책을 실천하지 않을 이유나 변명은 없을 거라고 생각했다.

비건이 되고 점점 시간이 지나며 또 다른 눈으로 세상을 보게 되었다. 비거니즘을 이야기하는 사람들은 아주 옛날부터 있었지만 소수집단이었다. 그들은 육식주의가 지배하는 시스템으로부터 외면당했다. 충분히 가능하지만 현실화되지 못하는 데에는 다른 이유가 있었다. 관심이 없거나 마음을 열 준비가 되어 있지 않은 사람들의 반응은 답답하고 안타깝다. 하루아침에 세상이 바뀔 거라고는 기대도 하지 않았지만 가끔씩 '과연 내가 죽기 전에, 혹은 지구가 인류를 몰살시키기 전에 우리가 저질렀고 지금도 저지르고 있는 끔찍한 잘못을 깨닫고 문제들을 해결할 수 있을까?'라는 걱정이 들 때도 있다.

"사람은 쉽게 변하지 않는다"라는 말은 내가 다른 사람을 변화시키려고 할 때 쓰인다. 어떤 노력을 하더라도 나는 다른 사람을 변화시킬 수 없다. 자신을 변하게 할 수 있는 사람은 그 자신뿐이다. 내가 할 수 있는 것은 누군가의 마음에 변화하고 싶은 마음을 불러일으킬 수 있는 모습을 직접 보여주거나, 이미 변화에 마음이 열려 있는 사람에게 필요한 정보를 제공하여 도움을 줄 수 있을 뿐이다. 아무런 준비가 되어 있지 않은 사람에게는 그 어떤 말을 하고, 자료를 보여주고, 설득하려고 해도 통하지 않는다. 도움도 상대방이 요청했을 경우에만 줄 수 있지, 요청하지 않은 도움은 오히려 방해가 될 수 있다.

"사람은 누구나 변한다"라는 말은 내가 나를 변화시킬 때 쓰인다. 갑자기 어떤 생각이 들었거나 경험을 했을 수도 있고 무언가를 보았거나 누군가에게서 영향을 받았을 수도 있다. 누군가는 단계적으로 점점 변할 수도 있고, 다른 누군가는 하루아침에 행동을 완전히 바꿀 수도 있다. 중요한 것은 그게 무엇이든 내가 마음을 열어 받아들이고, 행동을 바꾸기로 결정하고, 실천과 행동을 습관으로 만들고, 나만의 기준을 세우는 것이다. 생각과 행동을 바꿀 수 있는 것은 나 자신뿐이다.

어떤 사람들은 자신이 누군가의 영향을 받아 변했다는 것을 "그가 나를 비건으로 만들었다"라고 하거나, 나의 영향으로 변한 사람을 "내가 그를 비건으로 만들었다"라고 하기도 한다. 그러나 안타깝게도 그것은 사실이 아니다. 특히 '내가 그를 비건으로 만들었다'의 경우에는 나도 모르게 기대를 하게 되고, '내가 비건으로 만든' 그가 무슨 이유로든 예외적인 상황을 만들어 행동을 바꿨을 때 상처를 입고 실망할 수도 있다. 누군가에게 선한 영향력을 끼치고, 그를 비건으로 '만들고' 싶어도, 그것을 받아들이고 선택하거나 실천하는 일도 결국 그 사람이 할 일이다. 우리는 그저 필요할 때 도와주고, 응원하고, 격려할 수 있을 뿐이다.

세상을 바꾸는 일에는 수많은 시간과 노력이 필요하며, 어느 한 사람이 혼자서 할 수는 없다. 그러나 한 사람이 변하면 그 순간 세상은 조금 더 변한다.

그래도 세상은 변한다

◆◆◆

이 세상에 변하지 않는 것이 단 하나 있다면 그것은 "모든 것은 변한다"라는 사실이다. 2020년 한해 코로나19 바이러스가 수많은 것들을 바꿔버린 것처럼 이 원고를 쓰는 동안에도, 지금 이 순간에도 모든 것은 변하고 있다. 미세플라스틱은 바다동물과 바다소금을 넘어 육지의 채소와 과일에서까지 발견되었다. 지구의 인구는 계속해서 늘어나 80억 명에 점점 가까워지고 있다. 빙하는 전에 없던 빠른 속도로 녹고 있으며, 이에 따라 해수면도 상승하고 있다. 기후위기로 인해 전 세계의 사람들과 동물들이 자연재해로 피해를 입고 있다.

누군가는 세상이 변하지 않는다고 믿고, 누군가는 소수의 사람이 세상을 바꿀 수 없다고 말한다. 하지만 세상은 수많은 사람으로 이루어져 있고, 사람의 생각과 마음은 잠깐 사이에도 수십 수백 번씩 달라진다. 생각과 마음의 변화는 행동과 습관의 변화로 이어진다. 변화는 한 사람에서 시작해 주변 사람들로 퍼져나가고, 집단으로 퍼져나가 사회에 알리고 요구하면서 세상이 변해간다. 세상은 하루아침에 변하지는 않지만 하루하루 조금씩 변화하는 중이다.

2~3년 전까지만 해도 비건에 대해서 전혀 모르던 사람들이 이제는 적어도 비건이 뭔지 알게 되었다. 비건에 대한 관심도 늘어나 최근 비건 지향을 시작했다는 사람들의 소식도 자주 들린다. 비거니즘과 채식에 대한 기사가 자주 보이며 책과 다큐멘터리도 꾸준히 나오고 점점 더 많은 사람들이 블로그, 유튜브에서 관련 이야기를 다루고 있다.

여기저기에 새로운 비건 식당과 온·오프라인 매장, 팝업 스토어가 생긴다. 편의점에서는 채식주의 도시락과 버거, 만두와 김밥을 살 수 있다. 패스트푸드 전문점은 식물성 버거를 출시했다. 치즈를 빼고 주문하면 비건으로 먹을 수 있는 피자와 식물성 단백질을 사용한 샌드위치도 나왔다. 대형마트에는 대체육 가공식품과 채식 만두 등을 살 수 있는 채식 코너가 생겼다. 편의점에서 비건 아이스크림을 살 수 있게 되었다. 서울시 청소년 급식과 군대 급식에 채식 선택제 도입이 결정되었고, 국내 최초로 구조된 농장동물 보호소인 '새벽이 생추어리'도 생겼다.

세상은 우리의 생각보다 빨리 변하고 있다. 지금은 전 국민이 담배가 해롭다는 사실을 잘 알고 있다. 공공장소에서 담배를 피우는 것은 불법이고, 담배에는 경고문이 붙어 있다. 하지만 놀랍게도 담배가 건강에 좋다고 홍보하던 때도 있었다! 1980년

대만 해도 실내에서의 흡연은 자연스러운 것이었고, 드라마나 시트콤에서도 담배를 피우는 장면을 그대로 내보냈다. 국내 공공장소에서의 금연 법적 의무화는 1995년 소극적으로 시작해 2012년이 되어서야 '모든 공공장소에서의 금연이 법적 의무화' 되었다.

변화에 만장일치는 필요하지 않다. 결국 대부분의 사람들은 대세에 따르게 되어 있고, 변화를 거부하는 사람은 항상 있다. 우리 세상은 완벽하지는 않지만 계속해서 발전하고 있다. 노예제가 폐지되었고, 여성이 남성과 동등한 교육을 받고, 누군가의 소유물이 아닌 한 개인으로 인정받는다. 필요한 만큼의 인원이 모이면 정책을 바꿀 수 있다. 정책이 바뀌면 대대적인 교육을 할 수 있다. 정책과 인식이 바뀌면 기업도 그에 따라야 한다. 단체 급식이 채식 위주로 제공된다면 대부분의 사람들은 그냥 먹을 것이다. 지금도 그렇듯 불만을 갖는 사람들은 어디에나 존재하며 어떤 것도 모든 사람을 만족시킬 수는 없다. 식당 메뉴의 기준이 채식이고 동물성 재료를 원할 때 추가 금액을 받는다면 육식을 선택하는 이는 줄어들 것이다. 동물을 먹는 것, 특히 공장식 축산에서 나온 동물을 먹는 것은 건강이나 동물, 환경에 모두 해롭다. 그럼에도 불구하고 그 '선택'을 하겠다는 사람은 사라지지 않을 것이다. 대신 모두에게 해로운 '선택'을 하는 것을 어렵게 하는 세상을 만들면 된다. 우리가 계속해서 실천하고, 행동하고 요구하고 감시하며 노력한다면 모두를 위한 조금 더 나은 세상 만들기는 충분히 가능하다.

처음 접한 비거니즘은 적잖은 충격이었다. 생각지도 못한 믿기지 않는 사실들을 알게 되었고, 여러 가지 복잡한 감정이 들어 많이 울기도 했다. '왜 몰랐을까, 왜 생각하지 않았을까, 왜 의심하지 않았을까.' 내 탓을 하기도 했다. 동물을 마구잡이로 학대하고 죽이는 영상 속의 사람들을 미워하기도 하고, 잘 알지도 못하면서 무작정 비난하고 조롱하며 혐오하는 사람들에게 화가 나기도 했다. 자신들의 이익만을 위해 사람들을 병들게 하고, 동물들을 착취하고 죽이며, 자연환경을 파괴하는 기업과 그걸 방관하고 부추기는 정부를 원망하기도 했다. 영문도 모른 채 얻어맞고 착취당하고 살해당하는 어린 동물들에게 행해지는 잔인하고 끔찍한 '업계의 관행'을 직시하는 건 괴롭지만 계속 모른 척하며 외면할 수는 없었다.

생각이 변하고 나니 세상을 바라보는 시선이 달라지며 점점 더 많은 것들이 눈에 들어오고, 자꾸 신경이 쓰이고, 관심이 생겼다. 아무도 알려주지 않지만 꼭 알아야만 할 것들이 있었다. 더 알고 싶었지만 학교에서 배우는 과목들처럼 정해진 교과서가 있는 것도 아니고, 어디에서부터 시작해 어디까지 어떤 자료를 어떻게 찾아봐야 하는지도 알 수 없었다. 비건/비거니즘을 검색하면서 하나하나 자세히 찾아보았다. 그러면서 예상하지 못한 곳들에서 비거니즘과의 관계를 발견할 수 있었고, 의도하지 않게 궁금하던 걸 찾기도 했다. 알면 알수록 이건 절대 나 혼자만 알고 넘어가서는 안 되는 일이었다.

하루가 다르게 늘어나는 비거니즘에 대해서 알고 싶어 하는 사람들이 스스로 찾아보고 참고할 수 있는 자료를 한데 모으기 위해 하루하루 다양한 자료들을 찾고, 읽고, 보고, 생각하고, 정리했다. 그러면서 그동안 궁금했고, 몰랐고, 어렴풋이 알았던 내용들에 대해서도 조금 더 자세하게 배울 수 있었다. 이제껏 공부나 일을 이렇게 열심히 했던 적이 있었나 싶을 정도로 거의 매일을 바쁘게 지냈지만 그 어느 때보다 보람차고 재미있었다. 가능한 많은 자료를 확인하고 그 중에서 가장 도움이 될 만한 것들을 추렸다. 하지만 그 중에는 동의하지 않는 부분이 포함된 자료도 있고, 아직 확인하지 못했거나 발견하지 못했거나 지금 이 순간에도 계속해서 나오는 새로운 자료들은 다 담을 수 없었다.

아쉽게도 현재 쉽게 찾을 수 있는 대부분의 자료는 영어로 되어 있다. 한국어로 된 자료도 늘어나는 추세이기는 하지만 더 많은 자료가 필요하다. 비거니즘을 실천하는 데 가장 중요한 부분 중 하나는 더 많은 사람들이 알 수 있게 하는 것이다. 비건 지향을 시작하고 공부를 하고 무언가를 알게 되고 여러가지 생각을 하다보면 그 내용을 공유하고 싶어지는 때가 온다.

자신이 열정을 가지고 즐겁게 할 수 있다면 무엇이든 좋다. 블로그에 여러 가지 비거니즘 책을 읽고 독후감을 쓰거나 관련 소식이나 기사들을 모아놓기, 소셜 미디어에 비건 음식이나 제품 사용 후기 올리기, 비건 음식 레시피를 사진과 글 혹은 영상으로 공유하기, 가사를 쓰고 곡을 만들기, 웹툰을 그리기, 자연 식물식 영양학을 공부해 식단 짜는 법을 공유하기, 착취당하는 동물들이 처한 환경이나 활동가들의 시위 현장과 동물보호소의 행복한 동물들의 사진과 영상을 찍기, 말하고 싶은 주제로 다큐멘터리나 영화를 만들기, 비거니즘 관련 도서를 모아 작은 도서관이나 서점을 열고 운영할 수도 있다.

"When People Won't Listen to You, MAKE ART
(사람들이 당신의 말을 들으려 하지 않을 때에는 예술을 하세요)"
- 에린 제너스(Erin Janus)

선택과 실천은 언제나 본인의 몫이고 책임이다. 어느 누구도 강요하지 않고, 아무도 감시하지 않는다. 사람들마다 각자의 사정이 있고, 이유가 있다. 지금 당장 할 수 있는 것부터 할 수 있는 만큼부터 시작하면 된다. 시작이 반이다. 한번 해보고 잘되면 성취감을 얻고, 실수하면 그만큼 배우고 성장할 수 있다. 생각이 바뀌어 행동이 변할 수도 있고, 행동을 따라 생각도 변할 수 있다. 우리는 자신의 현재 행동이나 오랜 습관을 방어하기 위해 문제점을 외면하려는 경향이 있다. 육식을 하지 않거나 별로 좋아하지 않는 사람은 육식의 문제점을 상대적으로 쉽게 받아들일 수 있다. 머리로는 알겠지만 마음이 움직이지 않는다면 일단 맛있는 비건 식당에 가거나 동물성 재료를 뺀 음식을 만들어서 먹어보면서 시작할 수도 있다.

항상 쉬운 일은 아니지만, 꾸준히 시간을 내서 자신을 교육하고 옳다고 생각하는 바를 실천하며 성찰하고 노력하면서 매일 조금씩 성장한다. 나를 더 건강하게 만들고 수많은 동·식물을 살리고, 불평등과 착취에 시달리는 사람들을 돕고, 환경 파괴와 오염을 줄일 수 있다. 비록 '비거니즘'이라는 단어는 새로운 것일지 몰라도 우리는 이미 그 내용을 잘 알고 있다.

"모든 생명을 소중하게 여기고 친절하게 대해야 한다. 누군가를 해하면 결국 나에게 되돌아온다. 지구 생명체는 깨끗한 물과 공기, 흙을 필요로 하며 환경을 파괴하고 오염시키면 우리도 건강하게 살 수 없다."

참고 기사

❋ **1단계**

World's Largest Organization of Nutritional Professionals Says Vegan Diets are Suitable for All Ages 2016-12-08
https://www.plantbasednews.org/lifestyle/the-largest-organization-of-food-nutrition-professionals-admits-vegan-diets-are-suitable-for-all

❋ **4단계**

<한국축산 30년 변화> 물가가치로 본 축산물 가격 추이 2015-10-02
http://chuksannews.co.kr/news/article.html?no=96989

10년간 4조 들여 7천만 '살처분', 이대로 좋은가 2020-01-16
http://www.hani.co.kr/arti/animalpeople/farm_animal/924641.html#csidx850cbf013f6
3d3ebf09020f4a375f7e

살처분 가축 처리 않고 무료 퇴비로 속여 전국 곳곳에 묻었다 2020-09-17
http://www.hani.co.kr/arti/society/society_general/962491.html#csidxd14f4ff9d9606f
b820ded1e2bce5a39

❋ **5단계**

매년 버려지는 반려동물 7만 마리 2019-09-15
http://www.newsfarm.co.kr/news/articleView.html?idxno=51611

2018년 실험동물 372만마리 사용, 매년 증가 추세. 과학 발전의 걸림돌 2019-06-27
https://www.hsi.org/news-media/korea-lab-animal-statistics-2018-kr/?lang=ko

화장품 생산의 '비밀'... 알고는 못 씁니다 2015-03-20
http://www.ohmynews.com/NWS_Web/View/at_pg.aspx?CNTN_CD=A0002090454

동물실험으로 만들어진 약물, 92 %가 임상 시험 통과 못해 2017-04-04
http://www.ecomedia.co.kr/news/newsview.php?ncode=1065593374179595

동물원에 가기 전 꼭 알아야 할 11가지-허핑턴포스트 2014-09-14
https://www.huffingtonpost.kr/2014/09/13/story_n_5814756.html

동물원의 진실 (The Reality of ZOOs)-하영목
https://ymha.wordpress.com/2011/05/16/%EB%8F%99%EB%AC%BC%EC%9B%90
%EC%9D%98-%EC%A7%84%EC%8B%A4-the-reality-of-zoos/

✳ **6단계**

랍스터를 산채로 삶는 자, 유죄 2018-02-16
http://news.khan.co.kr/kh_news/khan_art_view.html?art_id=201802160600001#csidx
7a527aee346caf19d4b2117fa5c0658

"산천어 축제는 동물학대"···동물단체, 화천군수 등 고발 2020-01-09
http://www.hani.co.kr/arti/animalpeople/wild_animal/923846.html#csidx32ecd06d953
6a89978fd05ac3c9da94

지난해에도 116만t의 쓰레기를 바다에 버렸다 2014-03-14
http://www.hani.co.kr/arti/society/environment/628311.html#cb#csidxf8ee15a660f99
08a961e3baf18f90f3

[해양보호] 고래가 온실가스를 줄이고 지구온난화를 해결할 수 있다고요? 2019-11-27
http://kfem.or.kr/?p=203557

✳ **7단계**

[과학을읽다]①꿀벌 멸종하면, 인류는 4년내 멸망? 2019-01-28
https://www.asiae.co.kr/article/2019012816243215280

어디에나 들어가는 팜유가 오랑우탄을 죽이고 동남아시아 숲을 파괴하고 있다 2015-08-29
https://www.huffingtonpost.kr/2015/08/28/story_n_7909304.html

팜오일과 맞바꾼 열대우림… 동물은 멸종, 사람은 호흡기 질환 2017-09-20
http://news.kmib.co.kr/article/view.asp?arcid=0923819714

식물도 고통을 느끼나 2019-11-12
https://veganstudies.github.io/2019/11/12/plant-sentience.html

✳ 8단계

닭은 사실 똑똑하다…"엘리베이터 타고 집도 찾아와요" 2017-01-01
https://www.yna.co.kr/view/AKR20161229182600004

돼지도 침팬지나 돌고래 만큼 지능 높다 - 美 연구 2015-06-14
https://nownews.seoul.co.kr/news/newsView.php?id=20150614601007#csidx221f2b9
0911fa1e8a1a616a90c30bb4

소는 당신 생각보다 훨씬 지능이 높다(연구결과) 2015-08-05
https://www.huffingtonpost.kr/2015/08/05/story_n_7937144.html

국내 최초 '구조'돼지 새벽이, 생추어리 가다…'고기'와 다른 삶 꿈꿔도 될까요 2020-05-15
http://news.khan.co.kr/kh_news/khan_art_view.html?art_id=202005150600011#csidxe
7c086424293fe5bf5079e8a9a2f040

✳ 9단계

나는 인권 때문에 고기를 먹지 않기 시작했다 2016-07-26
https://www.ilemonde.com/news/articleView.html?idxno=6187

값싼 고기에는 코로나의 희생자들이 숨어있다 2020-06-23
http://www.hani.co.kr/arti/animalpeople/farm_animal/950593.html

"하루 19시간 노예처럼…" 원양어선 외국인 선원들 호소 2020-10-08
http://www.hani.co.kr/arti/society/society_general/964883.html

태국 '현대판 노예' 하루 16시간 동안 새우 껍질 벗겨 2015-12-15
https://www.yna.co.kr/view/AKR20151215092800009

피와 살이 튀는 현장, '검은 리본' 달고 일하는 도축장 노동자들 2008-06-19
http://www.labortoday.co.kr/news/articleView.html?idxno=80661

그곳은 지옥 풍경 그 자체 어느 도살장 노동자의 고백 2017-12-18
https://donghaemul.com/general_campaign/?idx=80

✳ 10단계

최악의 GMO '독', 글리포세이트를 아십니까 2017-04-10
http://www.weeklyseoul.net/news/articleView.html?idxno=36173

곡물자급률은 '세계 최하위'…농약 사용량은 '선진국의 10배' 2019-06-12
https://www.nongmin.com/news/NEWS/POL/ETC/312279/view

✳ 11단계

"호주 산불·아프리카 홍수, 온난화 따른 인도양 수온변화 탓" 2019-11-20
https://www.yna.co.kr/view/AKR20191120083700009

기후변화가 불러온 '매미나방의 습격' 2020-06-13
http://news.khan.co.kr/kh_news/khan_art_view.html?art_id=202006131211001#csidx8f
1c871369d01ad8c2d4fb9594afd3d

코로나19는 '마지막 팬데믹'이 아니다 2020-06-10
https://www.bbc.com/korean/international-52973778

"코로나 사태, 동물들은 놀라지 않았을 걸요" 2020-04-14
http://www.hani.co.kr/arti/animalpeople/human_animal/936942.html#csidxaf7dff78b5
884a8ba6f34544d496aa2

✳ 12단계

음식물쓰레기 사료화, 다시 생각해볼 때다 2019-08-26
https://weekly.khan.co.kr/khnm.html?mode=view&artid=201908161522571&code=114

폐기물 재활용률 86% 맞아? 전국 235곳에 '쓰레기산' 2019-10-19
https://news.joins.com/article/23608669

미세플라스틱 바다로만 가지 않아…대기 통해 어디로든 이동 2020-06-12
http://www.hani.co.kr/arti/society/environment/949032.html#csidx5b9ce42eb8a1f48
899287c074958a4d

치명적 '미세 플라스틱' 공포…韓 면적 15배 쓰레기 섬 2018-04-01
https://news.joins.com/article/22495397

다양한 해산물에 축적되는 미세 플라스틱, 인체로 유입도 가능해 2016-07-06
https://www.greenpeace.org/korea/press/5923/presslease-microplastics-
accumulates-in-seafood/

굴·홍합 통해 매년 미세플라스틱 1만1천개 먹는다 2017-11-15
http://www.hani.co.kr/arti/animalpeople/human_animal/819198.html#csidxabb7a0cdc
05d4e9aee95798227da18a

Only 9% of the world's plastic is recycled 2018-03-06
https://www.economist.com/graphic-detail/2018/03/06/only-9-of-the-worlds-
plastic-is-recycled

'플라스틱 안전지대' 과일·채소서도 미세플라스틱 나왔다 2020-07-09
http://www.hani.co.kr/arti/science/future/952907.html#csidxba72cec6cb43e6c95624
455745eda31

✳ **14단계**

"육류공장, 코로나가 좋아할 환경"⋯싼 고기의 대가는 참혹했다 2020-06-27
https://news.joins.com/article/23811699

우유 남아도는데⋯세계 최고 수준으로 치솟는 우유값 2020-06-26
https://www.hankyung.com/economy/article/2020062642141

서울시, 급식에 '채식' 선택가능하다 2020-06-17
https://www.vegilog.com/seoul-vegan-cafeteria-opition/

추가 자료

✳ **책**
『기후변화 교과서』 최재천·최용상 엮음, 도요새
『존 로빈스의 100세 혁명』 존 로빈스 지음, 박산호 옮김, 시공사
『이렇게 하루하루 살다보면 세상도 바뀌겠지』 안현진, 진은선, 황주영, 배보람, 용윤신, 김
주온, 유비, 김신효정 지음, 여성환경연대 기획, 이매진
『바다의 미래, 어떠한 위험에 처해 있는가』 슈테판 람슈토르프·캐서린 리처드슨 지음, 오
철우 역, 길
『고기가 되고 싶어 태어난 동물은 없습니다』 박김수진 지음, 씽크스마트
『유전자조작 밥상을 치워라』 김은진 지음, 도솔
『육식, 건강을 망치고 세상을 망친다』 존 로빈스 지음, 이무열 옮김 아름드리미디어
『동물과 인간이 공존해야 하는 합당한 이유들』 피터 싱어 지음, 노승영 옮김, 시대의 창
『우리가 먹고 사랑하고 혐오하는 동물들』 할 헤르조그 지음, 김선영 옮김, 살림출판사

✳ 영화 · 다큐멘터리

<지방, 질병 그리고 죽음에 가까운(Fat, Sick and Nearly Dead)>(2010)

<희망과 영광의 땅(Land of Hope and Glory)>(2017)

<베규케이티드(Vegucated)>(2011)

<The Invisible Vegan>(2019)

<비포 더 플러드(Before the Flood)>(2016)

<지구(Terra)>(2015)

<개와 고양이의 사료에 관한 진실(Pet Fooled)>(2017)

<Peaceable Kingdom>(2009)

<빙하를 따라서(Chasing Ice)>(2012)

<커넥티드: 세상을 잇는 과학(Connected)>(2020)

<원 스트레인지 락(One Strange Rock)>(2018)

✳ 논문 (riss.kr에서 검색 및 다운로드 가능)

<여성주의와 채식주의>, 최훈

<한국에서 채식주의자 되기: 집단주의 문화에서의 채식주의 전략>, 유태범

지속 가능한 삶, 비건 지향

초판 1쇄 발행 2021년 2월 5일

지은이 미지수
펴낸이 이지은
펴낸곳 팜파스
기획 · 진행 이진아
편집 정은아
디자인 박진희
본문 디자인 타입타이포
표지 일러스트 키미앤일이
마케팅 김민경, 김서희
인쇄 케이피알커뮤니케이션

출판등록 2002년 12월 30일 제10-2536호
주소 서울시 마포구 어울마당로5길 18 팜파스빌딩 2층
대표전화 02-335-3681   **팩스** 02-335-3743
홈페이지 www.pampasbook.com | blog.naver.com/pampasbook
페이스북 www.facebook.com/pampasbook2018
인스타그램 www.instagram.com/pampasbook
이메일 pampas@pampasbook.com

값 14,000원
ISBN 979-11-7026-380-7 03330